あなたの進む道のヒントに

GRANDMAからの
提 案 書

グ ラ ン マ

池田眞理子 著

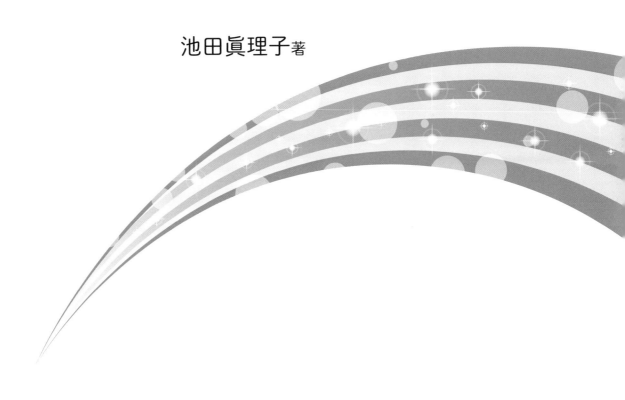

女性モード社

目次

はじめに

はじめまして。池田眞理子と申します。私は美容室の経営・ブライダル・美容学校講師・美容学校の立ち上げ等、長年「美容」と共に歩んできました。その間、多くのスタッフや美容学校生たちと触れ合い、人を育てる厳しさは知っているつもりです。

人は誰でも素晴らしい力を持っているのに、何をどうしたらよいのかわからない。何が正しいのかがわからないから、毎日があっという間に過ぎていってしまう──。すべきことがわかっていれば無駄もなく、もっと早く目的に近づくことができ、良い結果が得られたかもしれません。

現在の美容業界は昔よりもレベルが高くなり、悩みも今と昔ではかなり変わってきています。また時代性なのか、自分中心の考えが強くなっていると感じています。経営者を始め新人を迎え入れる先輩は、その年その年で新人に対する接し方を変えなければいけません。美容師になりたいという夢と目的を持って入ってくる大切な人材を、指導者は大切に工夫しながら、1人ひとりの違いを見定めて育てていくことが大事です。コミュニケーションが一番！と言ってもいいほど重要な役割を果たすと思っています。

自分で選んだ美容師という職業で楽しく仕事をして幸せになってほしい、私はそう願っています。そして私たち美容師が幸せならば、私たちに関わったお客様も幸せな気分になる循環が生まれると信じています。美容室は仕事をしながら学び、成長する場所ですが、たくさん学ぶことがあるので無駄なことは極力避け、必要なことを楽しく学んでほしいと思います。そうすれば途中で挫折することもなくなり、みんなが幸せになるでしょう。

美容師は人に生きる力を与えることができる素晴らしい仕事です。それなのに現実は、美容の仕事の楽しさを知る前に辞めてしまう人が多く、とても残念です。AIの時代になっても、いつの時代になっても美容は「人」が何より大切です。仕事とは「人の役に立つこと」という本質を軸としながら人が喜ぶことを考え、人にやさしさを持ち、お客様と共に接客を楽しみ、学ぶ。それができればいつの間にか成長し、素敵にプロとして活躍していることでしょう。それは当たり前のことで特別難しいことではありません。

この本ではオーナー・幹部・スタイリスト・アシスタント、それぞれの役割分担についてまとめてあります。また、楽しく仕事をして夢を叶えるには、技術以外でどんなことをしなければいけないのか？何が大切なのか？も、現場の立場でまとめてみました。この本を読んでおけば、サロンという未知の世界に入っても答えが導き出せるのではないでしょうか。自分を知るためのチェックシートも活用してみてください。実は自分のことがいちばんわかっていないかもしれません。自分で気がつかなかった良いところがきっとたくさんありますよ。

私は美容が大好きです。この本を書きながら改めて美容は素敵な仕事だと認識しました。こうすれば無駄がなく楽しみながら夢を叶えていけるのではないかという思いを込め、これまでの経験を踏まえて1冊の本にまとめました。

美容を志す、すべての人が豊かで幸せになりますように。

池田眞理子

第1章

たとえ時代が変わっても、人の心は不変

仕事とは、人の役に立つこと

人に喜んでいただいた分だけ報酬がついてくる

どんな仕事でも、みんな人の役に立っています。報酬はどれだけ人の役に立っているかで決まります。医者、消防士、警察官、教師、新幹線の運転手、調理師、看護師、お店の店員、弁護士……など、世の中には数えきれないほどの職種があります。

中には命の危険を伴う職業もありますし、良い物を提供するために日々研究している人もいます。ラーメン屋さんも自慢のスープをつくるために夜遅くまでがんばっています。このように多くの人が一生懸命学び、人に喜んでいただくために努力しています。がんばった結果として人に喜んでいただいた分だけ報酬がついてくる、それが「仕事をした」ということになるのです。

独りよがりではなく、人のために仕事をする

自分のことだけ考える人には限界があり、余裕がなくなるので途中で挫折しやすい傾向にあります。人間的にも周りから避けられやすく、素直に聞く耳を持たないので助けてもらえません。成長もできず、ネガティブになりやすいとも言えます。

まず考えを変えてみて、人の役に立ちたいと思うことが大切です。人のために何かをするには、知恵や知識はもちろん、やさしい人間性が重要となり、知識を持つためには一生懸命学ぶことも必要です。考え方の視点を変えると自然と知識も向上し、素敵に成長している自分に遭遇することになります。

朝、家を出るとき「行ってきます」と言いますが、心の中で「人のお役に立ってきます」と唱えてみましょう。すべての人が毎日「人のために仕事をすること」を心がけ、それを軸に仕事をすれば楽しい循環が起きます。

社会の中での美容師の役割は、人をきれいにして幸せにすることで社会の役に立つことです。そのためには何をすればいいのでしょうか

●「人の役に立ちたい精神」を軸として

①人間性を高める（素直さ・目配り・気配り・心配り・コミュニケーション能力が高い・何かを頼まれたら損得勘定で考えない）

②技術力を高める（基本を大切に学び続ける・努力・研究心・継続・センス磨き）

③人に尽くす（感謝の気持ち・やさしさ・相手の立場で考える・自己中心的な考えはしない・ポジティブでまわりを明るくする）

●大切なことは……

①健康であること

②無理をして自分を苦しめないこと（ポジティブに考え、楽しむこと）

→ よく食べ・よく眠り・よく学び・人の役に立つ精神を忘れず持ち続ければ、必ず良い結果がついてくる

仕事の仕組みを知る

仕事を通して技術や精神を成長させましょう

夢を叶えるには①人間力アップ、②技術力アップ、③社会性アップ、
この3つがとても重要です

＼ 人間力、技術力、社会性アップで得られるものは何か？／

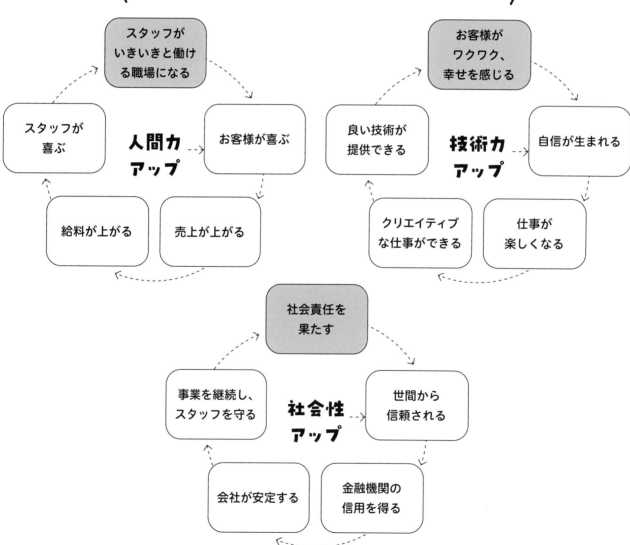

→ この3つを努力を重ねて継続すると、
スタッフもお客様も、全員の夢が叶う！

気持ちをひとつに～輪の心～

ひとりではつまらないし成長できない。楽しい仲間の輪に入ろう！

楽しい職場でみんなで一緒に夢を叶えるのは素敵なことですよね。でも夢を叶えるには、「誰かが何かやっている」ではダメ。「何かお手伝いすることはありますか？」という気持ちを持つことが大事です。

ひとりの力は弱く、限界があります。いいときばかりではなく、病気やケガをするときもあるでしょう。同じ方向を向いてひとつの塊になると強い力になるのです。

同じ目標を持つ輪の中に入ると こんないいことがある！

困ったときは助け合える
仕事は協力して行えば早い
仕事を分担し合える
達成したことを喜び合える
間違った考えを良い方向に導く
痛みを分かちあえる
毎日が楽しい（笑顔が絶えない）

輪の心

輪の中での大切な行動とは？

協力精神
同じ方向を向いて、ひとつになる
相手の立場になって考える
ポジティブな考え方をする
素直な気持ちを持つ
人の話をよく聞く
悩んでいる人に良いアドバイスを送る

職場の理念を知り、チームの一員となる

輪の中に入ったら、お店の柱となる理念を理解することが大切

同じ目標を持つ者同士で仕事をすると何ごともスムーズに運び、目標達成の近道を進んで行けます。それと同時に居心地のいい場所で仕事ができます。何かを成し遂げようとするときは大変なこともあります。でもチームで乗り切ると心強いもの。理念を軸に仲間と目標をひとつにし、行動しましょう。

理念	楽しく仕事をしよう。お客様をきれいに、笑顔にしよう。全員で豊かに幸せに。すべての人に感謝し、共に成長しよう。
願い	人生100年時代、どうせ生きるなら有意義で楽しみながら成長し、自分の力で人の役に立ち、幸せを感じる人生を歩んでほしい。

→ 同じ職場で働くには、理念やビジョンを理解して同じ方向を向き、チームとなって目的に向かうことが大切

課題チェック表

		本人	同僚	先輩	店長	
1	誰にでも笑顔や明るい声で接する					
2	1週間で何時間勉強したか、どのような勉強をしたか、成長日誌をつけて残す					
3	学んだことをお客様に提供して喜んでもらう					
4	チームの和を乱すことなく良い雰囲気で行動する					
5	小さなことでも社会貢献する					
6	お客様・会社・家族・周りのすべての人に心から感謝をする					
7	自分の短所や欠点を良い方向に転換する努力をする					

お店の理念を知り、理解しよう

<例> **夢を叶えるための行動指針（ビジョン）を明確にする**

愛と知恵で、

1 お客様に満足・感動してもらおう
笑顔ひとつで満足・感動することができる。最低1日1回は人を感動させよう。

2 お客様と自分のために技術の向上に努めよう
勉強したことは自分の宝となる。仕事に活用でき、充実感を味わえる。

3 チームワークを大切にしよう
ひとりの力は弱く小さい。チームで協力して補い合えば大きな力になる。

4 美容室を通して社会に貢献しよう
美容師は地域の人たちを美しくする。美容師の存在そのものが社会貢献。

5 人間性を磨き、精神を向上させ続けよう
お金をいただきながら施術をさせていただくので、感謝の心を忘れず、
技術だけでなく心からのおもてなしをする精神を鍛える。

→ **お客様に信頼され、周りの人をきれいにし、
全員が豊かに、幸せになる**

課題チェック表

内容			学ぶ期間	開始日	テスト日	合否(日/印)
		ビジョンの工夫と喜んでいただいたことの報告	1カ月			
	ビジョンの運用と取り組み		1カ月			
	理念とビジョンの理解		1週間			
ビジョンを暗記			1週間			

人をキレイにして幸せにできる 美容師の仕事ってすごい！

美容師は人をキレイにして心から幸せになってもらう仕事

幸せとは何か。幸せになるためには何をすればよいのか──。

人の幸せとは、健康で働けること、仕事があること、職場が楽しく充実していること、共に成長できる仲間がいること、応援してくれる先輩や家族がいること……などが挙げられます。

人それぞれに価値観が違い、幸せの感じ方も違いますが、基本は同じではないでしょうか。身近にあるのに気づかないのかもしれません。すべては自分自身の考え方ひとつなのです。

課題チェック表

内容		学ぶ期間	開始日	合否(日/印)	合格	
	役割を果たす	1カ月				
	どうすれば人を幸せにできるか考える	1日				
人の幸せとは何かを考える		1日				

美容師は、技術以外にこんなことも必要！

課題チェック表

		本人	先輩	店長	
1	奉仕の精神で人の役に立つ心構えを持つ				
2	周りの人が幸せになる行動をする				
3	人が嫌がることはしない。汚い言葉は口に出さない				
4	免許を持つ美容師だからこそ技術力を高め、人に喜びを与える				
5	やさしさと思いやりの心で人に接する				
6	自分中心ではなく相手の気持ちになって考える				
7	自分勝手に行動せず、報告・連絡・相談をする				
8	良いことは褒める				
9	前向きな姿勢で明るく過ごす				
10	チャレンジ精神を持ち、人のためになることは工夫して行う				
11	大変な仕事は率先して行う。それによって成長でき、他の人も助ける				
12	誰かがやるだろう精神を持たない				
13	悪いところを探さず良いところを見つける目を養う				

人を幸せにする職場での
役割分担を知る

スタッフ全員で協力し合い、各自の仕事を責任を持って実行しよう

会社に入ったら会社の理念を理解し、社長の方針を知ることが大事です（社長は明確に方向性を示さなければいけません）。責任を取る立場の社長は会社やスタッフのことを常に誰よりも考えていることを理解しましょう。

スタッフは各自それぞれの立場でやるべきことがあり、責任を持って精一杯考えて実行することが大切です。誰かが自分の仕事を放棄したら全員が倒れてしまいます。全員の協力がないと伝染病は広まり、自分にも襲いかかってきます。何ごとも小さなうちに解決することが肝心です。

それぞれの使命とは？

社長 多少の修正をしつつも迷うことなく誰ひとり落伍者が出ないように目的地まで安全に連れていき、お客様もスタッフも安心して過ごせる職場を守る。

幹部 社長の方針を理解し財政を支える。スタッフを育て、ひとつにまとめながら（人間性・技術・悩み相談など）、スタッフを良い方向に引っ張っていく（信頼・尊敬され、自分の人間性を高める）。

先輩 部下がいきいきと働ける環境を整える。愚痴や不満を聞いても同調せず、良い方向にアドバイスをして今を乗り切らせる。小さなバケツの穴でも時間が経てば、いっぱいだった水もなくなってしまう。問題が小さなうちに解決する。

同僚 せっかく出会えた縁ある人と励まし合い、無駄な時間を避け、良きライバルとして共に向上する。

部下 知らないことが多く、上司の大切な時間を使って教育していただくので「教えていただく」という謙虚な気持ちで先輩やお客様に素直さと感謝の気持ちで接する。

➡ **人の協力なくして人は成長せず、人はひとりでは生きられない。**
共にひとつの目的を持ち、大変なことも乗り越え、
助け合うことで絆が生まれる。
共に喜び合い、自分の目的も達成することで幸せになれる

目的を持ったあなたは、どのような成長過程を送りたいですか？または送ってきましたか？

課題チェック表

		本人	同僚	先輩	店長
1	全員で考え、大変なことを協力して乗り切ってきたか？				
2	人のことは知らない。 自分だけ無事ならいいと思って行動してきたか？				
3	人の成長の足を引っ張ってきたか？				

リフレッシュ法
～ワンポイントアドバイス～

▎ 職場が楽しくないと人を幸せにできない ▎

仕事をしていると大変なこともあります。そんなときは大いにリフレッシュしましょう。

職場が楽しくないと人を幸せにすることはできません。それぞれの仕事の役割分担を知り、自分が今やるべきことを理解して、他人に迷惑をかけない「協力精神」を持ちましょう。

効果的な 5 つのリフレッシュ法

❶自分で自分を「がんばったね」と褒めてあげる

❷就寝前に今日の一日に感謝する（誰かに必ずお世話になっている）

❸良いところを見つけあう学びの機会をつくる

❹一日最低一回は人を褒める

❺よく食べ、ゆっくりお風呂に入り、よく寝る

社長のやるべきこと

社長は船の船長。みんなの声を聞いて進む道を指示

社長がどのようなことをしているのか、社長の仕事をのぞいてみましょう。

社長は船で言うと船長なので、的確な行き先の目標を事前に示し、指示を出します。スタッフに頼みっぱなしではなくすべてをチェックすることが重要。状況においては速やかに方向転換する勇気を持つことも大切です。独断ではダメ。多くの人の声を聞いて判断することが求められます。また、全員で同じ船に乗って目的地へ向かっていることをスタッフに理解させることも大事です。

今をどうするのか？どのようなスタッフを育てるのか？将来どのような会社にするのか……。など考えなければならないことは山積みです。無駄のない教育で、サロン内にレベルの高い常識ある心を育て、みんなが幸せで、みんなが望む夢のある職場づくりを目指して、社長は日々、奔走しています。

社長の仕事1

人材育成

●共に働くスタッフを育て、モチベーションを上げる策

①温かく包容力をもって話を聞く時間をつくる（コミュニケーション）

②１００点でなくても８０点に達し、努力が見られたら「良くできたね」と褒める

③入社当時から何年たっても成長せず、不平不満ばかりの「人罪」を解決する

④経営者も共に働いているという安心感と学びの後ろ姿を見せる

⑤スタッフが満足できる店を目指す

⑥社長は家の中で言えばお父さん、お母さん。スタッフとの距離は遠すぎないように

⑦縁あって出会えた人たちと共に喜びも苦しみもわかち合い、共に乗り越えて成長する考えを持つ

⑧人は宝石。どのように磨いて光らせるのか、人間力の高いリーダーを選んで任せる

⑨スタッフとその家族に感謝する

⑩楽しいアイディアを毎月、提案して常にワクワクさせる

⑪一人ひとりに目標を持たせ、相談に乗り、軌道修正する

⑫人は仕事を通して成長することを理解させる

⑬社員を豊かにの前に、社員を守れる会社づくりが大切

→ 何ごとも、タイミングが大事！

みんなが安心して働ける場所の継続

●売上が下がり、働く場所がなくならないようにスタッフを守る策

①数字バランスの良い経営
②チラシ・SNS・キャンペーン・情報誌などを展開し、お客様を獲得
③明るく楽しい店づくり
④お客様に喜んでいただける上質な接客ができるスタッフの育成
⑤常に新しい情報確保の努力
⑥金融機関との信頼・信用を築く

スタッフに何かを依頼するときの心得7カ条

①　人に何か仕事を頼むときは「いつまでに」と期日を決める
②　頼んだ仕事はチェックをする
③　仕事を頼むときは内容を明確にする
④　無理な仕事は頼まない（人を選ぶ）
⑤　無責任な人には頼まない
⑥　頼まれた仕事がどのようなことか理解しているか、内容をリピートさせる
⑦　方向性を間違えていないか、途中経過を報告させる

幹部のやるべきこと

自分自身も成長するチャンス。スタッフに後ろ姿を見せよう

幹部になるとあまりにもやることが多く、何か問題が生じたときに何をすればいいのか？今まで何ができていて、何ができていなかったのか？がわからなくなることもあるでしょう。しかも、問題が起きているにもかかわらず日々の忙しさに流されるうちに問題が山積みとなり、大変なことになるかもしれません。問題対応のタイミングを逃してしまうことも考えられます。日々の積み重ねと、小さい問題は早いうちに解決することが鉄則だとわかっているのに……。

特に幹部になりたての人は、成長のチャンスをもらい、これからいろいろなことを経験して学んでいくので大変なこともあるでしょう。すべては自分の成長の

ためと思い、真剣に問題に向き合うことが大切です。問題が起きたら「神様が私の成長のための課題をくれたんだ！何ごともチャレンジ！」と考えてみてはどうでしょう。考え方ひとつで心に余裕を持つことだってできるのです。

仕事とは「人の役に立つこと」だということを念頭に置き、幹部としてやるべきことを行動すれば、きっと良い方向に進むはずです。スタッフに「○○をしましょう」と言ってもその通りにスタッフが動かないこともあると思います。そんなときは、良い習慣が身につくまで幹部が率先して行動を起こし、自分の後ろ姿を見せることが大事です。

幹部の仕事

① 部下の育成	② サロンの繁栄（業績を上げる）	③ 楽しい職場づくり（コツコツ努力と恩返し）	④ 報告・連絡・相談＆技術チェック

●幹部として念頭に置くこと

① 人間性は重要。幹部は人のために尽くし尊敬され、謙虚であることが大切
② スタッフが幸せでないと良い接客はできないということを指導の基本に入れる
③ スタッフが伸びれば会社も伸びる、会社が伸びればスタッフも伸びる（一蓮托生）
④ チームワークの強化。売上と客数は会社やスタッフ全員の仕事の結果
⑤ 大切な仕事は業績を上げること。仕事の結果は数字に表れる

課題チェック表

内容			学ぶ期間	開始日	合否（日／印）	合格	
		部下の育成	1日				
	報告・連絡・相談＆技術の チェックと新情報		2日				
	サロンの繁栄（業績を上げる）		1日				
楽しい職場作り			1日				

幹部へのワンポイントアドバイス

●スタッフのモチベーションを上げるため、すべてにおいて褒める（お客様も部下も会社も）。
　そして、良い後ろ姿（手本）を見せることが大事。

●スタッフの心の変化を理解すること。スタッフの夢が変わったこと（有名になりたい→美容の仕事を通して社会貢献や人のために何かをしたい、ひとりで自由にやりたい、など）に気づくことが大切。

●相談を受けたら相手の話をよく聞いて、一旦は「そうなんだね」と受け入れる。それから自分の考えを伝え、一緒に考えること。大事なのは、柔軟な心を持ち、固定観念を捨てていろいろな角度から考え、決めつけないこと。
　落ち着いて話をしよう。

●ひとりの力は弱く、限界がある。みんなで協力し、みんなの力を借りて良い結果を出せるように尽くす。
　相談相手は信頼のおける人を選ぶことが大切。

●年齢に関係なく、全員でのコミュニケーションを心がける。ひとりでも欠けてはいけない。
　マナーを守ってみんなで話し合う。

●経験の浅い部下に何かを頼むとき、「こうすれば」と助言したり答えを先に言ったりするのはNG。任せるのは不安があるが、基本を教え、考える力を目覚めさせて良い方向に導き、才能を開花させて成長させることが大事。
　ただし、やらせっぱなしはダメ。部下に成長のチャンスを与えつつ、心配でも必ず見守ることが重要。

●部下には、仕事の途中経過を報告・連絡・相談させることが必須。そのほうが本人も安心して行動できる。

●結果が出なかったときの部下への助言とフォローも大事。幹部は失敗したときの準備を陰ながら考えておくと何ごともスムーズに運ぶことができる（仕事なので人に迷惑はかからないようにすること）。

幹部として、人として、してはいけないこと

		本人	後輩	同僚	オーナー
1	人を傷つける				
2	報・連・相をしない（面倒・忘れる）				
3	部下を感情で叱る				
4	都合のいい嘘をつく				
5	結果を出す努力を行わない				
6	学ばない				
7	良くない後ろ姿を見せる				
8	人の話を聞かない				
9	コミュニケーションを取らない				
10	お客様より自分に気を使わせる（リーダーとして最低で、リーダーの資格なし）				
11	ありがとう・おはよう・すみませんを言わない（そのようなリーダーの元では、それが言えるスタッフが育たない）				
12	会議で決まったことが気にいらないと、自分の判断で実行行動する				
13	働かされている、給料以上に働くのは損と考える				
14	努力をせず、自分の働きが足りないのに高い給料を欲しがる				
15	社長の話を聞かず、外部の意見ばかり聞く（方向性を間違える）				
16	遊びすぎて次の日、休んで仕事仲間に迷惑をかける				
17	素直でない				
18	自己中心的である				

幹部としてやるべきこと

❶部下の育成

1	良い後ろ姿を見せる (やる気を起こさせる)
2	褒めて育てる
3	愛をもって指導する
4	責任を取る覚悟をもって行動する
5	人間性を高める (感情で怒ったり、やる気を失わせたりしない)
6	会社のためと言いながら、 部下を自分の道具として扱わない
7	悪口や不平不満を聞いたら納得いくように説明し、 早めに悩みを解決する
8	個人プレーではなく、 会社の一員としての態度で話す
9	仕事場にいるときは すべて仕事であるということを理解する
10	辞めたいという部下の途中挫折の相談に乗り、 良い方向へ導く
11	人を育てる (途中で辞めさせないで結果を出させてあげる)
12	部下の技術教育は能力に合わせ、 できるまで面倒をみる
13	人間として正しい生き方や考え方を指導する

❷サロンの繁栄(業績を上げる)

1	毎日、数字を意識する
2	紹介カードを駆使し、次回予約を推奨する
3	DM(バースデー・新規・キャンペーン等)を出す
4	感性を常に磨き、流行ヘアを提供する
5	先を読む力を養い、常に新しい情報の収集と 伝達をする(ディスプレイ等)
6	全員で来年のサロンの夢を決め、 達成させるために一丸となる
7	その日の仕事はその日に片付けて帰る (カルテ記入・掃除・明日の準備等)
8	お店の外、地域社会と密接なつながりを大切にする
9	知識と知恵を豊富に身につける(常に学ぶ)
10	社会に必要なサロンになる
11	自分や周りのために職場という働く場所を守り、 一生懸命に仕事をする

❸楽しい職場づくり
(コツコツ努力と恩返し)

1	スタッフの気持ちをひとつにまとめ、 チームワークを強化する
2	楽しく学び、楽しく仕事をするために、 興味を持つことを考える
3	組織やスタッフを良い方向に引っ張っていく
4	プロとしての誇りを持つ
5	お店や周りの人を大切に思う気持ちを育てる
6	自分の役割を自覚し、何をすべきか理解する
7	職場を良くしようという気持ちを持つ
8	店の状況をいつも理解している
9	社長の考えや職場の理念を十分に理解する (勝手に行動しない)
10	みんなが自分のサロンだという意識を持ち、 みんなを巻き込んで話し合う会社へと導く
11	やさしさを持つ
12	明るく、周りの人のことを常に気にかけて コミュニケーションを取る
13	お客様・部下・周りの人を笑顔で帰す
14	自分が落ち込んだとき、態度に出さない
15	約束を守る
16	「人が好き。一緒に幸せになりたい」という気持ちを 大切にする
17	お客様を美しくして喜んでいただく
18	熱意を持って仕事をする

❹報告・連絡・相談&
技術チェック

1	アシスタントの現状(売上・行動)を一覧にし、 幹部会で共有する
2	来年の年間計画(売上目標・企画・教育)は 6カ月前に会社に提出する
3	技術チェックを行う
4	社長から大切な部下を預かっているので、 毎月報告をする

売れるスタイリストになり、夢を叶えるには何をすればいいか

技術もいいけど人柄がもっといい、これが鉄則

売れるスタイリストになることは、お客様や後輩にとってもカリスマ的な存在になることです。美容師の仕事はサービス業であることを自覚し、自分のできる範囲で最大限のサービスを行うことが大事です。技術もいいけれど、人柄がもっといい、そう思われることが売れるスタイリストになるために欠かせません。

では、具体的にどのような人が売れるスタイリストになれるのでしょうか。技術がいいからだけではなく、会いたい人に会いたいときに会いに行く時代、人間力によって売上が決まると言っても過言ではありません。楽しんで仕事をし、常に学び続けて人を喜ばせることが好きな人は結果を出せるでしょう。そういう人はやさしさにあふれ、人の役に立てることを常に考えています。

技術はもちろんですが、道徳マナーや人としてすべての美しさを磨くことが大切です。勉強は「自分のために」と思うと挫折しやすいので、「人の役に立つために」するものと考えましょう。

技術のサービス

似合わせる
しっかりした技術（基本を大切に）
ほんの少し新しさを入れる
手入れのしやすい技術
健康な頭皮と毛髪の維持

接客のサービス

その店にしかないサービスの特長
気配り、目配り、心配り
おもてなし（お客様を差別しない）
上質のサービス

情報のサービス

チラシ・会話・ハガキ
店内ディスプレイ
SNSやDMで喜ばれるような
お知らせをする
シーズンごとの流行を先取り

常に学び続け、感謝の気持ちを忘れずに

おめでとう！そして今は大切な時期です。がんばってくださいね。

お客様は練習台ではありません。お客様は本音では、安心してヘアを任せられる人にやってもらいたいと思っています。

お客様を担当する前にしっかり学び、自信をつけてください。

プロとして、しっかりした技術と心からの接客をしてください。

100％完璧ではなくてもかまいません。担当させていただく感謝の気持ちを忘れずに接客してください。

早く100％の仕事ができるようにがんばりましょう！怖がることはありません。あなたが一生懸命ならば、お客様は応援者です。

一流になった美容師さん曰く「スタイリストデビューした日から3年間は休みの日も含め毎日、自主トレをしていました」と。とにかく、前進あるのみです。

売れるスタイリストになるための ワンポイントアドバイス

●目標を持つこと。目標があればがんばるのが楽しくなる。目標がないと仕事が楽しくなくなり、幸せになれない。どうすれば楽しくなるのか、まず身近でトライできそうなものを目標に持つとよい。たとえば「気持ちいい返事をする」ということでもOK！

●ヘアスタイルは人をキレイにするだけでなく、キレイになると人はうれしくなり、周りから褒められてさらにうれしくなるもの。すると、さらにヘアスタイルが素敵に感じる。お客様の見た目を変えるのではなく心を動かす意識を持つことが大事。それがリピートにつながる。

●他店との違いを出す。すべての美容室が日々、最大限の努力をして結果を出している。その店にしかない特長あるサービスを打ち出し、実行することが大事。売上を上げるために割引キャンペーンも有効だ

が、どこでも行っていること。まして今の時代は安いからという理由だけで人は動かせない。

→割引が有効なとき

…①数字を上げたいとき（新規客を呼び込む）／チラシなどを配布

②心からのメッセージを込めるとき（感謝の気持ちを表す）／誕生日（お祝いの気持ちで割引く）やご紹介いただいたお礼など、ハガキを出す

●施術中の会話は、たとえば「この季節におすすめのカット、カラー、パーマは○○です」など、人が期待し、喜ぶ内容を心がける。お客様に出すハガキも同様で、目で見て素敵！と興味を持っていただける写真などを添付するとよい（※ハガキの内容は注意して書くこと。家族やその他の人にニックネームを知られ問題になったケースが過去にあった）

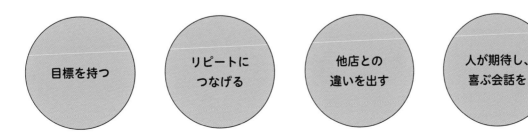

目標を持つ　　リピートにつなげる　　他店との違いを出す　　人が期待し、喜ぶ会話を

課題チェック表

売上を上げていくために行うこと

		本人	先輩	店長
1	職人ではなくデザイナーとしての提案をする			
2	パーマ客を増やす（苦手な技術を学び得意技とすると自分の強みとなり、客単価もアップ）			
3	キャンペーンを提案する（単純な値引きではなく、得意な技術などを書いて自分をアピールし、ご紹介カードにも工夫を凝らす）			
4	カラーを得意とする（時代に沿ったカラーを常に学び、テクニックの蓄えをたくさん持つ）			
5	誰にも負けない得意技（デザインやカット技法、アップなど）をつくる			
6	感性を常に磨く（感性を磨くと掃除でもキレイ・汚いがわかるようになる）			
7	常に新しい情報に気を配る（SNS その他雑誌などでトレンドをチェック）。自分自身のおしゃれセンスを磨く			
8	マンネリ化しないように常に学び続ける			
9	似合わせる（美容室を出て本人はワクワク、でも家に帰ったら、どうしたのその頭と笑われたら失客）			
10	仕上げは特に気を配る（お客様は自ら動く「宣伝カー」）			
11	アシスタントのときにシャンプー指名の数を増やして信頼関係を築き、多くのファンをつくる			
12	聞く姿勢を持つ（その人の立場になって話をよく聞くと、その人が求めるものに沿った良い提案ができる）			
13	とびっきりの笑顔と明るい声でお客様を元気にさせる			
14	お迎えとお見送りの際、丁寧語で感動のひと言あいさつをする			
15	次に来店していただくために工夫する（興味を持たせる、良いところを見つけて褒める、自分の良い所をアピールする）			
16	いろいろなお客様と会話が成り立つよう、偏りのない知識を豊富に蓄える			
17	明るい＆私（お客様）のことを一生懸命考えてくれる＆マナーが良い＆接客力がある、など自分の良い印象を知ってもらう			
18	次回予約を取り、次回のスタイル提案をする			
19	失客をなくす（失客は当たり前ではない。プロなので失敗しない最大限の努力をする）			
20	紹介客を増やす（ショップ・知り合い・その他遊びに行くときは名刺を持ち、営業マンになる）			
21	プロとしておしゃれで素敵な人（笑顔で明るい、気配り・目配り・心配りができる）のイメージでハントする			
22	トリートメント＆ヘッドスパで客単価アップを狙う			
23	SNS を活用する（ブログ・インスタ・フェイスブック・その他）			
24	施術前にメニューと適切な金額の説明を行う			
25	お客様の大切な時間を意識して施術時間を守る（丁寧にすることと、自分に合わせた時間で施術することでは意味が違う）			
26	お客様は早くて丁寧でキレイを求めていることを意識する（ものすごく早い施術だが丁寧でキレイなカット＆カラー＆パーマだと感じさせる行動と話すテンポが肝心）			

アシスタントの仕事とは

素直で気づかいのできる人は成功する

「よいアシスタントはよいスタイリストになれる」と言われています。売上を上げられるスタイリストになれるかどうかは、アシスタント時代に決まると言っていいでしょう。素直で気づかいのできるアシスタントはスタイリストになったときに困ることがなく、売れるスタイリストになれるのです。

アシスタント時に学び、行うこと

① 接客
② 掃除
③ 人脈づくり
④ 電話応対
⑤ 施術の準備

⑥ サポート
⑦ チームワーク
⑧ 居心地のいい場所づくり
⑨ 在庫管理等の事務ワーク
⑩ ファンづくり

⑪ 合格した技術
　（シャンプーその他）
⑫ 頼まれたことで
　自分にできることすべて

→ すべてにおいて「気配り・目配り・心配り」を身につける大切な時間

課題チェック表

内容		学ぶ期間	開始日	合否（日／印）	合格	
	④接客	1日				
	③掃除・片付け・電話応対・受付	1日				
②チームワーク・居心地のいい場所づくり・事務・良いことの気づき・ファンづくり・技術		1日				
①サポート＆準備		1日				

●良いアシスタントの心得8カ条

① 毎日、仕事中が学びのときであり、初歩の技術やモノの考え方が身につくときである
② 常にお客様やオーナー・先輩・同僚・後輩に育てていただいていることを忘れない
③ 気配り・笑顔・チームワークを大切にし、人の役に立つことは何かいつも考え行動する
④ 人の嫌がること・痛いこと・気持ち悪いことなど、人に苦痛を与えない
⑤ 自分の成長にはファンが必要。ファンをつくるためには、お客様がキレイになり喜ぶお手伝いを一生懸命行う
⑥ 素直さが早く自分を成長させる
⑦ 感謝の気持ちで過ごす（周りの人に生かされていることを忘れない）
⑧ 失敗したら「申し訳ありませんでした」と心から謝る。注意されたら「ありがとうございます」を忘れずに！

アシスタントの仕事①
～サポート＆準備～

自分の頭で考えてスタイリストをサポートすることが大事

基本となるアシスタントの仕事は多岐にわたります。「アシスタントの仕事①」ではサポート＆準備について説明します。サポートで大切なことは2つあります。

1つ目は「スタイリストの邪魔にならないようにお客様を気づかうこと」です。スタイリストはヘアスタイルやお客様との会話に集中しているので、その邪魔にならないようようにしながらお客様への気づかいをサポートします。お客様が寒くないか、暑くないか、

薬剤がお顔についてないか、など、状況に応じた気配りが大切です。

2つ目は「先に動けるように成長すること」です。スタイリストが何を望んでいるのか、仕事に慣れてくればわかるようになるので、指示されるよりも先に動けるように成長することが大事です。ただ言われたことだけをサポートするのではなく、自分の頭で考える力を養いましょう。

【施術に必要なものを準備する】

◎カット／タオル・クロス・スプレイヤー・ダックカール・コーム・シザー

◎カラー／カラー刷毛・カップ・マドラー・黒タオル・茶色タオル・カラークロス・ジャンボコーム・ホイル・ラップ・耳キャップ・クリーム・頭皮の保護スプレー

◎パーマ／タオル・パーマクロス・タオル・ロッド・ペーパー・ゴム・アプリケーター・ターバン・耳キャップ・キャップ・コーム・保護クリーム・スプレイヤー

◎セット／デンマンブラシ・ダックカール・ドライヤー・カールアイロン・ストレートアイロン・ロールブラシ・スタイリング剤・スプレー

◎アップ／カールアイロン・黒ゴム・ヘアピン・ダックカール・すき毛・コーム・ホットカーラー・スプレー・スタイリング剤

【薬液の調合をサポートする】

薬剤の調合について大切なことは、先輩からの言葉をリピートすること。間違いを防ぐことができる。

【整理整頓を心がける】

整理整頓は仕事の効率を上げる。お客様は細かいところも見ているもの。仕事場はいつも整えておこう。

※カラー・パーマ・その他、薬剤は店舗によって別の場所で調合する場合もあるので、それによって準備するものが変わる可能性がある。

課題チェック表

サポート＆準備

	内容	学ぶ期間	開始日	合否（日／印）		合格	
	気づいたこと	1カ月					
	サポート（カット準備・カラー準備・パーマ準備・その他の準備）	1日					
	気配り、店内の状況把握	1日					
店内の置き場所を覚える・掃除・片付け・ごみ・タオル（洗濯・たたむ）		1日					

アシスタントの仕事②

～チームワーク・居心地のいい場所づくり・事務・良いことの気づき・ファンづくり・技術～

美容人生の基盤となる学びの時間を大切に

アシスタント時代はとても大切なとき。美容人生の基盤のほとんどがつくられる時期なので、一生懸命学ぶと後が楽です。がんばりましょう！

「アシスタントの仕事②」ではチームワーク・居心地のいい場所づくり・事務・良いことの気づき・ファンづくり・技術について説明します。先輩のいい仕事ぶり、いい後ろ姿を見て育てば、成功間違いなしです。

課題チェック表

技術

		本人	同僚	先輩	店長
1	アシストの準備：カット・カラー・パーマ・その他ワゴン上に必要な物を準備する				
2	アシストすること：クロス・タオルを付ける・フェイスクリームをつける・薬剤塗布・ターバンを変える・その他				
3	ドライ・ブロー：何％乾かすのか、その後の施術でスタイリストの指示をもらう				
4	シャンプー：施術にあったシャンプーをする。服は濡らさない。すすぎではよくすすぐ。トリートメントは必要に応じておすすめする				
5	スパ＆トリートメント：説明ができる。リラックスしてもらう。頭皮ケア・毛髪ケアを行う				
6	カラー：薬剤は適量を出し、無駄にしない。調合比率計算をスムーズに行う。スタイリストの邪魔にならないよう一緒に施術する				

事務

		本人	同僚	先輩	店長
1	カルテ記入：忙しくても今日のお客様の情報は今日のうちに記入。全員で終礼時に、どんな些細なことも協力して記入する				
2	在庫管理・小口管理と経理への報告書提出：終礼で今日、新しく卸した材料分はノートに記入。3日ごとにまとめを行うなど決まりをつくると良い				
3	材料管理：在庫管理をしっかり行い、営業で欠品して困らないようにする				

課題チェック表

ファンづくり

		本人	同僚	先輩	店長
1	日頃の気づかいの積み重ねがファンを生む：心から相手を想う気持ちで接する（スタイリストになって急にはファンはできない）				
2	チラシ：ポスティング＆ハントには率先して行く				

チームワーク＆居心地のいい場所づくり

		本人	同僚	先輩	店長
1	マナー（挨拶をする）：「担当させていただく○○です。よろしくお願いいたします」と挨拶する				
2	相手の立場に立って施術を行う：スタイリストが仕事をしやすいように動いてサポートをする				
3	声がけをする：ミスを回避できる				
4	そのときの状況・状態を把握した行動を取る：自分の担当していること以外の周りの動きや状況をいつも把握する				
5	許可なしで席を離れない：チームとしての動きのバランスが崩れて仕事に悪影響が出るので勝手に動かない				
6	悪口を言っている人のところには近寄らない：巻き込まれないこと。人を傷つけることはしない。言われている人をフォローする				
7	人の嫌がることはしない：やさしさをもって人の喜ぶことをする。助けてあげる				
8	笑顔の連鎖：みんな仲良く笑顔で過ごすと周りが明るくなる				

アシスタントの仕事③
～掃除・片付け・電話・受付～

率先して行動し、掃除で心もキレイに磨く

「アシスタントの仕事③」では掃除・片付け・電話・受付について説明します。アシスタントの仕事ぶりをお客様は見ています。床はき・タオル（洗濯・たたみ方）・カウンター・セット面鏡拭き・イス・待合い・本・植木の手入れ……。掃除や片付けが必要な場所はたくさんありますが率先して行動し、掃除で細かいことにも気づく力を養いましょう。

課題チェック表

受付・お出迎え・お見送り・消毒・施術中

		本人	同僚	先輩	店長
1	消毒の徹底（手指＆美容用具＆器具等）：国家試験にも衛生試験があり、絶対に欠かせない重要な仕事（お客様の安心感につながる）				
2	明るい声と笑顔でお迎えに行く：嫌なことがあっても他人には関係ないので、心からの笑顔でお迎えする				
3	お待たせすることなく率先してお迎えに行く：美容室がたくさんある中で選んでいただいてのご来店に対し、感謝の心でお迎えする				
4	お出迎え・お見送り（全員で、お声かけをする）：来てよかったと思っていただけるよう笑顔でお出迎え＆お見送りが一番大切				
5	お客様のお荷物を慎重且つ丁寧に取り扱う：忘れ物がないように気を配る				
6	受付やレジはスムーズに行う				
7	すべてのお客様にスタッフ全員が声かけをする感じの良い雰囲気をつくる				
8	お客様の良い所を見つけて褒める：人は褒められたらうれしくなる				
9	お客様は練習台ではない。不安を与えないこと：「まだ自分は入社したばかりだからできなくて当たり前」と、甘えてはダメ				
10	席から席への移動に気をつける：ひとりでサッサと先に歩かない。足元を気づかう				
11	店内は静かに歩く：靴音は静かに。音の出る靴は履かない				
12	お見送り時は笑顔で：帰り際に幸せ感のある感動のひと言でお送りしよう				
13	個人情報は厳守し、口外しない：個人情報保護法で罰せられることもある				

電話応対

		本人	同僚	先輩	店長
1	お互いに顔の表情が見えないので、明るく気持ちのこもったやさしい言葉で話す（丁寧語で話す）				
2	先に電話を切らない				
3	受話器は静かに置く				
4	用件を的確に正しく伝える				
5	失敗を防ぐためにメモをとる（内容をリピートする）				
6	顔が見えなくても声で心が見えてしまうため、気持ちのこもった電話応対をする。不安を取り除く話し方を心がけ、報・連・相を徹底する				

課題チェック表

		本人	同僚	先輩	店長
1	整理整頓は仕事の効率を上げる				
2	店内の植木を枯らさない。葉はピカピカで元気に。 お客様は見て感じている				
3	ポスターが剥がれないように気を配る				
4	ごみ箱は中も外もキレイにしておく				
5	スタッフが食事タイムを気持ちよく過ごせるよう、 スタッフルームは気持ちいい状態にキレイにしておく				
6	たたんだタオルはキレイに整理整頓する				
7	タオルやチーフ、その他クロスなど洗濯したものに 嫌なにおいがつかいないようにする				
8	カウンターに余計な物は置かない				
9	ディスプレイ商品に汚れや埃がないよう、毎日拭く				
10	雑誌に髪の毛が付着しないように気を配る。 iPad 等の画面をキレイにする				
11	鏡はピカピカに。くもりや汚れがないようにする				
12	お客様の目の前にあるセット面をいつもキレイにする				
13	ワゴンは汚れが付きやすいので、 汚れていなくても一日何回も持ち手などを拭く				
14	商品棚はいつもキレイで目を引く楽しいポップを置く				
15	シャンプーボールは一日何回も拭く				
16	セットイスが汚れていないか注意する				
17	施術後、床に落ちた毛はすぐに掃く。お客様の毛を踏まない （失礼になる＆滑って転ぶ危険性がある）				
18	床についたカラー剤はすぐに拭きとる （そのままにしておくと足元が滑る）（すぐに拭くと後掃除が楽）				

アシスタントの仕事④
～接客～

「また会いたい」と思われるようなおもてなしを

「アシスタントの仕事④」では接客について説明します。接客で一番大切なことは、ひと言で言うと「おもてなし」です。明るく、やさしく、笑顔で、元気に、人の嫌がることはしない、そして奉仕の精神でお客様に接しましょう。

相手の立場になり、何をすれば喜んでいただけるのか？どうすればスムーズに物ごとが運ぶのか？をよく考え、「気配り・目配り・心配り」を忘れずに行動することが大事です。居心地のいい場所づくりをし、また「あなたに会いたい」と思われるようなおもてなしをしましょう。

明るく　　笑顔で

目標を持つ　　おもてなし　　元気に

人の嫌がることはしない　　奉仕の精神

課題チェック表

接客

内容		学ぶ期間	開始日	合否（日／印）	合格	
	お客様に喜んでいただいたこと	1日				
	良い接客	1日				
	悪い接客	1日				
接客の理論		1日				

課題チェック表

接客

		本人	同僚	先輩	店長
1	明るく、良い行動で笑顔になっていただく				
2	人の喜ぶことを誠心誠意尽くして行う				
3	気配り・目配り・心配りをする				
4	楽しくなる話をする				
5	人の良き手本となる				
6	丁寧なやさしい言葉づかいで話す				
7	いつもお客様が喜ぶことを考え行動する				
8	「ありがとう」のウェーブ（言う・言われる）を起こす				
9	お見送り時に感謝、感動の言葉を添える				
10	来店時、来てよかったと思われる笑顔とやさしい言葉でお迎えする				
11	「ありがとうございます」「すみません」を心からの言葉で言う				
12	スタッフや周りの人全員に気持ちのこもった挨拶をする				
13	プロとしてヘアを中心におしゃれに関する会話をする				
14	クレームの対処方法を理解する（まず謝る。上司にすぐに報告をする）				
15	お客様全員に差別をせず、常にやさしい態度と笑顔で挨拶する				
16	ご挨拶をする（「担当させていただく○○です。よろしくお願いいたします」）				
17	今、何の施術をしているのか説明する（説明責任／声をかけて安心していただく）				
18	接客のプロとしての自覚を持って行動する				
19	マナーを守って常識ある行動を取る				
20	素直な感謝の気持ちで接する				
21	一日一回は周りの人の良い所を見つけて褒める				
22	いつも店内はキレイにするよう心がけ、お客様をお迎えする				
23	朝、店内に入ったら「おはようございます」と元気な明るい声で言って連鎖させる				
24	空気を読んで行動する				
25	自分中心ではなく相手の気持ちになって考える				
26	雨の日も暑い日も、数ある美容室の中からご来店いただいたお客様に笑顔と感謝の気持ちを持つ				
27	自分勝手に行動せず、何かあったら報告・連絡・相談する				
28	人に見られても恥ずかしくない行動をする				
29	お客様の表情をよく観察する				

コラム　説明責任とは？

　美容師には説明責任（アカウンタビリティー）がある。説明責任・安心・癒やしは三位一体であり、とても大切である。病院は病気を治す、美容室はヘアをキレイにする場所だが、もし、お医者さんが怖い顔で説明もなしで注射をして終わりだったら……とても不安になるだろう。治るものも治らない、かもしれない。相手を思いやり、不安を取り除こうという気持ちを持ち、何のために何の注射をするのか、きっと治るよと言う言葉を添えて説明するだけで安心するもの。美容の仕事も人をキレイにするだけではなく、施術の経過を説明して安心していただく必要がある。

決まりを守らないのはマナー違反

美容師として、人としてのルールを守ろう

　美容師として、社会人として、人として、守らなければ
ならない決まりはたくさんあります。人の嫌がることはし
ない。人の迷惑になることはしない。当たり前のことです
が、決まりを守らないのはマナー違反です。課題チェック
表をよく見て、自分の行動を振り返ってみましょう。

人の嫌がることは
しない

人の迷惑になること
はしない

課題チェック表

マナー

内容			学ぶ期間	開始日	テスト日	合否 （日／印）	
		気づいたこと	1日				
	マナー違反		1日				
	マナー研修		1日				
マナーとは			1日				

課題チェック表

仕事中にしてはいけないこと

		本人	同僚	先輩	店長
1	決められたルールを守らない				
2	個人的な用事のTELや連絡				
3	会社の電話を無断で使用する				
4	受付に用事もないのに集まる				
5	物を乱暴に扱う				
6	大きな音を出す				
7	お客様がいるのに従業員同士でおしゃべりする				
8	人の意見を聞かず、自己中心的で大きな声を出して迷惑をかける				
9	作業に邪魔な服装をする（大きなアクセサリー等）				
10	鏡に自分の姿が頻繁に映り込む				
11	営業中に個人的な作業をする				
12	黙って店内から出る				
13	誰も昼食をとっていないのに、交替もせず自分だけゆっくり食事する				
14	スマホをいじる				
15	時間を守らない				

やらなければいけないこと

		本人	同僚	先輩	店長
1	言葉遣いは丁寧に				
2	自分が間違っていると思ったら素直に「ごめんなさい」と言う				
3	小さなことでも決められたことは守る				
4	仕事場に入ったら営業時間前でも冬などはコートを脱ぐ				
5	上司が部屋に入ってきたら立って挨拶をする				
6	備品を壊したら謝り、報告書を提出する				
7	勉強を見ていただいた後は、使用前よりもキレイにする				
8	勉強や会議は講師よりも先に行って準備をしておく				
9	身だしなみは整える				
10	自分の行動に責任を持つ				
11	チームで動いているので職場の状況を把握しておく				
12	自分の担当以外の仕事でも責任を持って行動する				
13	時間を守る				

失客＆増客

クレームを言われても、失客しない工夫を

売上を上げていくには増客することが大事ですが、それだけでは不十分。失客を防ぐこともとても重要です。クレームを言われたら腹を立てるのではなく、「言いづらいにもかかわらずダメなところを指摘してくれた」と思い、まずは「すみません」と謝って、続けて「ありがとうざいます」と言うようにしましょう。黙って

ただ失客するだけでは、売上は上がりません。失客を防ぐ方法を身につけておきましょう。

お客様と日頃からしっかりコミュニケーションを取り、お客様の気持ちを理解していれば、よほどのことでない限り怒られません。常にお客様の立場に立って考えることが大切です。

課題チェック表

失客を防ぐために必要なこと

		本人	同僚	先輩	店長
1	技術的な失客は努力不足。とにかく力をつけるよう勉強する				
2	お客様の立場になって物ごとを考える（何をしてほしいのか察する）				
3	お客様の求めるものを理解して、提供し満足してもらう				
4	お客様と日頃からコミュニケーションを十分に取る				
5	自分の嫌な感情を抑える				
6	お客様を怒らせない				
7	クレームの場合、感謝の気持ちで接する				
8	常に新しい情報をリサーチして提供する				
9	工夫をしたDMを出す				
10	常にやさしい話し方と笑顔で接する				
11	楽しい雰囲気づくりを心がける				
12	適正な料金を提示する				
13	お客様の大切な時間を無駄にせず、時間を守る				
14	常にカルテチェックをして現状を知る				
15	あなたに会いたい（ファンづくり）と思われるよう努力する				
16	他の人にはない得意な技術を持つ				

紹介していただけるくらい、自分を高める努力を

増客、とひと言で言っても、具体的にはどうすればよいのでしょうか。様々な方法がありますが、中でも既存のお客様に自分を紹介していただくことができれば最高ですよね。

自分を担当している美容師さんを人に紹介するには勇気がいります。その人の人柄、技術力、センス、すべてにおいて信頼されなければ紹介していただけません。すべてにおいて自分を高める努力が肝心です。そして紹介していただけたら感謝の気持ちを忘れず、誠心誠意、尽くしてください。それがまた次の紹介につながります。

【増客の方法】

1
信用を得て、
ご紹介していただく

2
SNSやブログを
活用する

3
自分の作品撮りをする
（自分の特長づくり）

4
友達に
紹介してもらう

5
いつも行くショップや
飲食店などに
名刺を配る

6
フリーペーパーを
活用する

7
モデルハントをする

誰に紹介してもらう？

・趣味、サークルの友人
・友達
・モデルになってくれた人
・よく行くショップの店員さん
・家族
・既存のお客様
・学校時代の友達
・近所の人
など

【失客と増客で大切なこと】

①失客と増客は隣りあわせ。相手の立場になって考え、
　自分の良さを出せば認められて紹介などの増客につながり、失客も防げる
②他の人よりも少しだけ多く学ぶ努力・マナーの良さ・人を思いやる気づかい・
　感謝の気持ち・やさしさ・尽くす気持ちがあればよい
③新規客は（他店の不満客）ということを理解して接客する
④失客＝期待していたのに失望させたこと。心を傷つけることにもなる
⑤失客を防ぐにはコミュニケーションが最も大切
⑥紹介してくれた人のためにも十分な配慮が必要
⑦クレーム対応が良ければ、逆に今まで以上に良い関係が構築できる

店販
～お客様とのコミュニケーションの大切さを学ぶ～

自宅ケアをおすすめしつつ、会話の勉強に

そもそも、なぜ、美容室で店販を行うのでしょうか？ 答えは、「美容室だけでなく、家でも髪をケアしていただき、健康な髪を保っていただくため」です。お客様の髪が健康であれば、提案の幅も広がります。また、店販をおすすめすることによってお客様との会話ができるようになり、コミュニケーションの大切さを学ぶこともできます。

課題チェック表

店販

		本人	同僚	先輩	店長
1	押し売りはしない				
2	まず自分が使ってみて商品を理解する				
3	ポジティブな言い方でおすすめする				
4	難しい美容専門用語は使わない				
5	商品のポイントをわかりやすく伝える				
6	商品を買う、買わないは関係なく全員に話す（お客様は隣りの人との話を聞いている。寂しい思いをさせない）				
7	商品をおすすめする際「この人は話しても買わなさそうだ」などと判断せず、平等に説明をする				
8	アフターケアをする。売りっぱなしにしない				
9	商品を買っていただいたら必ずカルテに記入し、次回の来店時に使用感をお聞きする（販売責任）				
10	ヘアケアのプロになる				
11	お客様の表情を見逃さない				
12	自分が商品の良さを知って好きになる				
13	「このお客様が使ったら髪にツヤが出そう」など、必要と思えるものを心から伝える				

カウンセリング

美容師主導で進め、お客様と信頼関係を築く

　カウンセリングとは、お客様と話をすることでヘアスタイルのご希望やお手入れ法、悩みなどを把握し、情報を集めることです。お客様の気持ちを理解し、美容師主導で話を進め、プロとして的確なアドバイスをしてヘアスタイルやメニューを決めていきます。

　カウンセリングではお客様（クライアント）と信頼関係を築くことがもっとも大切です。コミュニケーションが取れていないと少しのことでもクレームになるかもしれません。逆にコミュニケーションが取れていれば同じことが起きてもクレームにならないこともあります。まずはお客様としっかりコミュニケーションを取ることを心がけましょう。

【カウンセリングの注意点】

①聞き上手になる（相手の立場になって耳を澄まし、求めているものを聞き出す）
②コミュニケーションを取り、安心と信頼関係を築くことが大切。コミュニケーションが取れないと失敗しやすい

【よくあるクレーム】

①前回の施術内容やヘアの悩みなどを覚えていない
②提案してくれない
③話を聞いてくれない
④お客様が求めていることと違うのに、流行だからと自分の考えを押し付ける

【カウンセリングの工程】

①笑顔で緊張をほぐす
②自己紹介をする
③お客様のご来店の目的を聞く
④お客様の髪の悩みを聞く（希望スタイルの確認）
⑤お客様が望むものを聞いて理解する
⑥始めから否定せず、話に共感して相づちを打つ
⑦最近の流行のスタイルを提案する（少し取り入れる）
⑧髪の状態を説明する
⑨スタイルを決定する（写真を使って再確認をする）
⑩間違った解釈をしないように話の内容を繰り返す（確認作業）
⑪美容師とお客様のイメージするものに違いがないよう確認する
⑫施術の内容を説明する
⑬所要時間を説明する
⑭料金を説明する

【リピート率を高めるためのカウンセリングのコツ】

①できない施術はきちんと伝える（髪のダメージによって施術できない場合などは、今回はお手入れをおすすめし、次回の施術を提案）。逆に信頼される

②自分の店に来店された理由を聞き、それに応えられるよう行動する

【アフターカウンセリング】

施術後、行った内容、効果の説明はしっかりと行う

課題チェック表

カウンセリング

内容	学ぶ期間	開始日	テスト日	合否（日／印）	
カウンセリングの工程	1日				
カウンセリングの注意点	1日				
カウンセリングはなぜ必要か	1日				

胸に響く先輩からの言葉が満載！ Part1
がんばるみんなへの応援メッセージ

第1章に書かれていたことを把握できましたか？ここではみなさんの先輩が自分の経験を語ったり、みなさんにアドバイスを贈ったりしています。自分の経験と照らし合わせながら読んでみてくださいね。

P9 気持ちをひとつに〜輪の心〜

ネガティブの渦の中にいると、
自分にもそれが染みこんで
抜けられなくなるよ。
早くポジティブな渦に入ろう！

コミュニケーションが
どんなに大切かを知ることが大事。
言葉が足りないのはダメ。
当たり前のことであっても
声に出して言わなければ伝わらない。
言わなくてもわかっているだろうもダメ！

誰かがネガティブになっていたら、
早めにポジティブの輪に
入れるように解決しよう

P10 お店の理念を知り、理解しよう

Q 経営理念ってなあに？
経営を行うための基本的な
経営者の考え方や思いのこと

みんなと気持ちが離れたり、
協力しないのはダメ。
置いていかれるよ！

みんなで目標を同じにして同じ方向を向くと、
良い結果が早く出るよ。
経営理念を軸にひとつにまとまろう！

P12 人をキレイにして幸せにできる
美容師の仕事ってすごい！

身近にある幸せに
気がつかないのは損！
自分自身の考え方次第で
変われるよ

ポジティブな考え方で
まず自分を幸せにしよう。
一日の終わりに
自分を褒めてみる。
すると、自分をさらに
好きになり、
感動するよ！

幸せの原点で考えてみると、
病気になって初めて、
健康で自由に動けることが
どんなに幸せであるかに
気付かされる。
自分が健康でないと人に何かして
あげたくても何もできないよね。
健康は宝だね

美容師はすごい職業だね。
人をキレイにして
幸せにできるのだもの

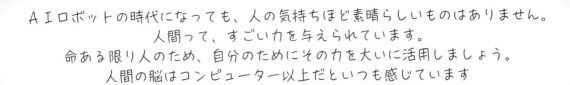

ＡＩロボットの時代になっても、人の気持ちほど素晴らしいものはありません。
人間って、すごい力を与えられています。
命ある限り人のため、自分のためにその力を大いに活用しましょう。
人間の脳はコンピューター以上だといつも感じています

P20 売れるスタイリストになり、夢を叶えるには何をすればいいか

技術もいいけれど人柄はもっといい。
素晴らしいと言われたら最高！
「会っていろいろ聞いてほしいことが
あったから、まだカットには時期が
早かったけれど来たよ。
リフレッシュできたー！ありがとう」
と言われました！

美容師って素晴らしい。
技術だけでなくお客様の気持ちを
リフレッシュすることができるなんて。
技術に接客に掃除に自分磨きと
忙しそうだけれど、ワクワクしてきたよ。
すごく充実して楽しい！

休日にヘアのニュースタイル発表会に行ったのですが、
すごく刺激を受けた私はお客様にお話をしたくて
ワクワクして明日を待ちました。
当然一緒に行った友達とも話が尽きず、
楽しい休日を過ごしました。美容師になってよかったです！
①「休みの日に勉強はイヤです」の人→成長なし
②喜んで勉強に行く人→成長する
③よくわからないけど素直に勉強に行く人→得をする

ヘアデザインの創造と提案は、
お客様がご来店され、
入り口に立たれたときから
始まっています。
観察する目を持ちましょう

いつも最高の自分でいることが大事。
中途半端で人生を後悔したくない。
人の役に立つために
何ができるのだろうかと
考える自分が誇らしい

スタイリストになりたての頃は
まだ技術の幅が狭いので、
自分が自信を持ってできるスタイルを提案。
絶対に無理をしない。
自信がある自分のスタイルブックを
作ると良い。SNSを活用するのもOK

男性も女性も
素敵になりたい気持ちは一緒。
男性にも傷んだ毛髪をキレイにして
リフレッシュしていただこう。
「いつもお仕事お疲れさまキャンペーン」
などはどうかしら？

自信がないなら学ぼうよ！
でも学ぶには鉄則がある。
見てわかったではダメ！
すぐやってみる「行動力」が大切。
やってみると、見るだけとの違いがわかる。
また、できたと思っても何度でも自分のものに
するまでやってみる。ここが大切！

素直さは自分の持っている
宝物のひとつ。
何ごとも素直な気持ちで
受け止めることが大切で、
幸せに生きるための
基本のひとつ。毎日すべて
良い方向に進むよ

入店したらアシスタントの仕事を覚えよう。
たくさんあるようですが、今まで日常でやってきた
ことに「気配り・目配り・心配り」を
プラスするだけだから誰でもできるよ。
あとはやる気だよ！

入店当初は緊張と不安でいっぱいでした。
何をしていいのかわからないので、
邪魔にならないようにただじっと立っていましたが、
ただ立っていると足も痛いし苦痛でした。
そんなとき、やさしい笑顔で先輩が声をかけて
くれて、すごくうれしかったのを覚えています

失敗なんて、怖くない！
そこから成長するんだよ！
思いやる気持ちが
あれば大丈夫。
お客様に感謝。がんばって！

自分の気持ち次第で自分もお客様も同僚も
みんな楽しく仕事ができるよ。
どうせ一日過ごすなら楽しみましょう。
周りがダメでも自分が陰の率先改革戦士となって
空気を変えられたらと思うとワクワクするでしょ。
朝、店内に入ったら元気な声で「おはようございます」
それだけで空気が変わるよ

自分のいい所を
出し尽くして周りを
ハッピーにすると、
自分もハッピーな
気持ちになるよ

スタイリストのサポートはすごく大事。
自分がスタイリストになったとき、パーマのロッドをどう
巻けばいいかな？薬剤は？など、いろいろ学べるよ。
私は先輩のお客様との会話で想像してロッドを準備し、
先輩が必要とするロッドを間違いなく手渡せたら
心の中でやったー！って思ってた。毎日楽しかったよ

好きなことをやっている
ときは時間を忘れるほど
楽しくて疲れないでしょ。
美容師の仕事も
考え方ひとつで変わる！

悩みがあったら
ひとりで我慢しないで誰かに話そう。
気持ちが楽になり、考える余裕ができると、
悩んでいたことが、なーんだ、こんなことだったのかと
簡単に解決できるかも。相談する人を選んでね

素直ということが、すごく人生には重要。
素直だと、かわいがられて道が開けるよ。
なぜなら人の話を聞く心があるから。
あまり自己主張しすぎてはダメですよ。
アシスタントは学び中だから

どんなことも
がんばりすぎなくてもいいよ。
自分の限界を超えず、
やることはしっかりやればいい。
明日があるからね

毎日、元気で仕事を楽しんでほしい。
良い方向に導いてくれる人に出会えると良いね。
がんばっている人には必ず応援者が現れるよ。
見ていないようで見ているから

何ごとも
小さなことの
積み重ねが
大切！

P27　アシスタントの仕事 3 〜掃除・片付け・電話・受付〜

掃除の際の気づき方ひとつで
素晴らしいスタイリストになるよ。
気づかない人との差が出る。
イスが汚れているよと言われたとき、
座るところだけではなく
イスの足までピカピカに磨いていた人は、
同僚のトップになった。すごいね

お客様は見ています。
お店の観葉植物が枯れていました。
家で植物を大切に育てている方が
それを見たら……
①悲しくなる
②このお店の人はやさしさがない。
私のヘアは大丈夫だろうか？
信用をなくすことでしょう

掃除は叱られないようにやるのではなく、
自分がみんなのためにキレイにしたいからやる
という精神を持とう！

P29　アシスタントの仕事 4 〜接客〜

心の中の良いことを声に出して伝えよう
「ありがとうございます」は心から感謝を込めて
おもてなしの達人になろう！
気配り・目配り・心配りで素敵な人に成長、変身！

カラーやパーマなど
施術時間が長い場合の
マッサージに付け加えたいひと言
「カラー施術、お疲れさまです。
精一杯、癒させていただきますね」
シャンプー後のマッサージはお客様も
期待されているので、そのひと言で
心も体も癒されます。
他店との差も付きます。
気持ちを伝えるやさしいひと言が
さらに素敵なマッサージとなり、
あなたもやさしい人と認識され、
コミュニケーションが取れて
ファンになっていただける

私は「いらっしゃいませ」という
当たり前の言葉でお客様を
お迎えするのではなく、笑顔で「こんにちは」
という言葉でお迎えをしていました。
来て良かったと安心していただき、
リラックスしていただきたかったから。
お客様もスムーズに店内で過ごされていました。
何事も始めが肝心です

天気が悪くても、お客様の家から
お店までの間に他の美容室があっても、
ご来店していただけたら
感謝しかありません。
一生懸命尽くしましょう

雨の日は受付に
タオルを用意しておきました。
お店がビルの中で外の様子がわからないときは、
お客様の様子を見たり、ときどき外の様子を
見に行ったりしました。
家族や大切な人にしてあげたい
心づかいを忘れないでね

頼まれていなくても、
いいと思うこと、自分で責任が
取れることは行動しましょう。
ただし、判断がつかないことは
上司に聞くこと

自分にとっても大切な一日。
どうせ過ごすなら一生懸命行動したい。
ネガティブなことには
巻き込まれないように。
人生はあっと言う間だよ

「がんばる」のは誰かの笑顔が見たいから。
自分にできることをがんばるわけで、自分のためだけにがんばるのではない。
もっと年長者の人と話していたら時間を得したかもね。
年をとって、いろいろ経験したらきっとわかること。
残念ちょっと気づくのが遅かったかな

P35 店販〜お客様とのコミュニケーションの大切さを学ぶ〜

「本当にこの人の髪に
これを使ってもらえたらキレイになるので
お話してみよう」と、相手のことを思い、
プロとしての提案が大切。
売上のために何でもいいから
売ろうという押し売りはダメ

売上のために
「売りたい！売りたい！」はダメ！！
バレバレです……。
相手のことを本気で想ってお話しよう
だって私はプロだもん！

P36 カウンセリング

相手の話をよく聞く！
今日は何を求めて美容室に来たのか？
お客様には来店理由が必ずあります。
小さな変化を見逃さないため、
髪のことだけ聞くのではなく、
普段のお出かけ場所など相手の話を
よく聞くこと。相手を知ろう！
ただし、入り込みすぎはダメ。
表情を見逃さないで

コミュニケーションが
まだ十分に取れていないお客様に
スタイルチェンジを提案するときは
気をつけた方がいい。
少しずつ流行を取り入れてあげると喜ぶよ。
しっかりコミュニケーションを
取ることが大切

第2章

自分の良いところを自覚し、さらに伸ばす

自分を知り、リセットしよう

自分の良いところを書き出してみる

　自分の良いところを自覚し、さらに伸ばしていくには、まず自分を知ることが大切です。もっと自分を伸ばせる良いところは？逆に今の自分に足りないところは？よく考えてみましょう。自分の良いところを書き出し、自分自身と向き合うことが大事です。自分で自分という人間のファンになれるかもしれません。

自分の良いところって？
自分に足りないところって？

努力

思いやり

人間力

やさしさ

迷惑をかけない

技術力

褒める

行動力

責任感

感性力

チームワーク

課題チェック表

自分を知る

			本人	本人	
人間力	1	いつも笑顔を心掛けている（特に仕事帰りのとき）			
	2	朝、元気の良い挨拶をしてみんなのモチベーションを上げる			
	3	感謝の気持ちで過ごす			
	4	あなたのようになりたいと言われたことがある			
	5	素直な気持ちで物ごとに取り組む			
	6	伸びない人は本人の態度や性格、考え方が問題			
努力	1	目標を立てたら結果を出すための努力を惜しまない			
	2	周りのモチベーションを下げない			
	3	良いことはすぐに実行する			
	4	与えられた仕事は一生懸命やる			
	5	人よりも多く仕事が与えられたら得だと思う			
	6	言われたことは責任をもって最後までやり抜く			
	7	何ごとも前向きな気持ちで取り組む			
やさしさ	1	人にやさしく接する			
	2	人の話は心を開いて聞く			
	3	人に尽くすのが好き			
	4	「教えてあげている」など、おごった考え方をしない			
	5	人の幸せを心から喜ぶ			
	6	できていない人がいたら一緒に学ぶ			
思いやり	1	周りの人の気持ちが暗いとき、明るくなるように努力する			
	2	人の話を聞くのが好き（聞き上手）			
	3	コミュニケーションが取れる			
	4	ポジティブに考える			
	5	「自分だけ技術力があればいい」と考えない			
	6	人に何かをしてあげることがうれしい			
	7	困っている人がいたら手助けをする			

			本人	本人	
迷惑を かけない	1	働かされていると思っていない。働かせていただいていると思う			
	2	陰で人の悪口を言わない（人が悲しむので）			
	3	自分の行動や愚痴で一緒に働く人を暗くしない			
	4	何か問題が起きたら自分が反省し、相手を責めない			
	5	物ごとを悪く取らない			
	6	自分が間違ったことをしたら謝る			
褒める	1	人を褒める			
	2	人の良いところを見つけるのが上手			
	3	１００％できなくても８０％で褒める			
技術力	1	よく学ぶ			
	2	失敗を糧にあきらめずに技術の向上を目指す			
	3	始めから「これはダメ」「できない」と思わない			
	4	無駄のない素早い動きをする			
感性力	1	よく美術館に行く			
	2	最新のトレンドに興味を持つ			
	3	ファッション雑誌を読む			
	4	おしゃれに興味がある			
	5	自分はおしゃれだと思う			
	6	ファッションをネットでよく見る			
行動力	1	いいことは率先して動く			
	2	言われたことはすぐ実行に移す			
	3	結果を出すまで目的に向かってがんばる			
チーム ワーク	1	周りの人全員で幸せになりたい			
	2	ひとりでも困っている人がいるのは嫌だ			
	3	チームワークとは「お互いが補い合うこと」と理解している			
責任感	1	失敗を人に押し付けず、解決法を探す			

自分で目的達成を妨害しない

時間を上手に使って素敵な人生を歩もう

多くの美容師は時間を上手に使い、努力し、おしゃれもして、友人との時間も楽しみながら成長しています。それができない人は時間がないのではなく、時間を上手に使う工夫がないだけなのです。あなたは自分の大切な時間を無駄に過ごしていませんか？

人生は「あっという間」です。時間を大切に使って楽しんで過ごしましょう。人生を楽しく、有意義なものにできるもできないも、あなた自身の考え方ひとつ。すべて自分の行動の結果です。自分を成長させてくれる人とめぐり会えたら最高ですよね。

せっかく
美容免許を
持っているのに
カットをさせて
もらえない

忙しくて疲れる

昼の時間に食
事がとれないのが
嫌だ

掃除が嫌だ

店販を
すすめたくない

働きと給料が
見合わない

カットが難しくて
ついていけない

自分は
不器用だからと
考えてしまう

旅行に行く
時間がない

売上目標を
持たされるのが
嫌だ

こんな考えでは 目的を達成できない

別の職業の
友達のほうが
休みが多くて
楽しそう

先輩が怖い

同僚と
うまくいかない

お客様と
話ができない

お手入れを
していないのに
「手が荒れて痛い」
と言う

シャンプー＆
スパの順序が
覚えられない

営業時間が長い

勉強するのが嫌だ

友達と
遊ぶ時間がない

美容業界で起こりやすい問題点

技術だけでなく、心の教育が大事

入社したサロンで教育を受けて、技術が少しできるようになると、他店を見たくなり、給料の高いお店の情報をネットで調べ、お店を辞めてしまう人も少なくありません。まして少子化により美容師のなり手が減っている現代において、スタッフの離職はサロンにとって大きな痛手です。このような現状になってしまった要因はどこにあるのでしょうか？

それは、サロンの教育が技術を軸に置きすぎたために、コミュニケーションと「心の教育」が不足したことにあると考えています。スタッフ側はできないことができるようになる技術教育は楽しいけれど、「心の教育」に踏み込まれるとわずらわしい。また教える側も、自分が育った環境と異なることを若いスタッフに教えるのは難しいからだと思います。

「渡り鳥」になってはいけない

どんな仕事でも同じですが、特に美容は人と接する時間が長いので人としてどうあるべきかを学ぶことがより大切です。謙虚さを持たず、今の自分の能力を過信し、お金を追い求めてサロンを渡り歩く「渡り鳥」になってはいけません。「人の役に立つ」という仕事の本質を置き去りにしてはいけないのです。これを意識できない美容師が増えることは美容業界の危機だと言

えます。「渡り鳥」は、これまで何も知らなかった自分を育ててくれた先輩やお客様、お店に感謝の気持ちを持たず、周りの人に迷惑をかけている自分勝手な行動の現れです。損得だけで考えることではありませんが、「渡り鳥」になることは自分にとっても損であることに気づいてほしいと思います。

学んだことは自分の宝になる

美容師は人の役に立つことをそれぞれの立場で行い、順を追って成長していくことが望ましいでしょう。よく考えずに自分の判断だけで動かず、ずっと自分を見守ってきてくれた周りの人たちの意見を聞くことも大切です。人の役に立つことをやれば自ずと成長し、それと共に給料もアップするはず。がんばった分だけ自分に返ってくるのです。

夢を持って美容学校に入り、サロンに就職したはず

なのになぜ簡単に辞めてしまうのでしょうか？確かに美容は覚えることもやらなければならないことも多く大変だとは思いますが、それは他の職業も同じ。学んだものはすべて自分の中に吸収・蓄積され、将来の宝となるのです。たくさん宝を得た人は自信がつき、良い美容師になれます。無駄なものはひとつもありません。すべて夢を叶えるために必要なことばかりなのです。

【人材難を乗り越えるには…】

お店側もスタッフ側も、立場の違いはあっても求めるものは同じ。頭の中で考えているだけでなく、前に向かってお互いの夢を叶えるためにアクションを起こすことが重要。

どのようなお店で働きたいか
→明るく、みんな仲良く楽しく働き、共に成長し、夢を叶えられるお店
美容師を増やすために何を行うべきか？
→いきいきと働く姿をお客様や周りの人に見てもらい「美容の仕事って素敵！」と感じてもらう

美容師にとって大切なこと

- ●コミュニケーションをしっかり取る
- ●明るい職場づくりを徹底する
- ●人の話を素直に聞く耳を持つ
- ●明確な目標を持つ
- ●仕事とは「人の役に立つこと」であることを知る
- ●一生懸命、楽しく学ぶ
- ●すべての人に感謝する

お客様が求めているお店とは？
～店舗内で採点してみましょう～

課題チェック表

お客様が求めるお店

		アシスタント	スタイリスト	幹部
1	安心・安全が当たり前に確保されている			
2	コミュニケーションが取れていて、みんなが楽しく仕事をしている			
3	笑顔で迎えられ、笑顔で過ごせる			
4	元気の充電ができる			
5	お店の中はいつも笑いが絶えない			
6	スタッフがよく学んでいて、技術も接客も上質			
7	やさしさがいっぱいでリラックスでき、安らぎを得られる			
8	プロとしてのトーク力がある			
9	信頼でき、良いアドバイスをしてくれる			
10	店内もスタッフも清潔で、おしゃれを楽しんでいる			
11	期待に応えられる技術があり、満足できる			
12	私のことを真剣に考えてくれる			
13	自分の雰囲気に合わせてくれる			
14	気分を変えてくれる			
15	新しいイメージを見つけてくれる（変身）			
16	来て良かったと帰りに思える			
17	スタッフ全員が挨拶してくれる			

スタッフが望むお店

		アシスタント	スタイリスト	幹部
1	毎日お店に来るのが楽しい			
2	学ぶことが楽しい			
3	笑顔が絶えない			
4	接客にも技術にも自信がある			
5	何かあればすぐに相談し、解決できる			
6	コミュニケーションを大事にしている			

第3章

基本を焦らずしっかり学ぶと
素敵な仕事ができる

マッサージ

課題チェック表

	内容	学ぶ期間	開始日	テスト日	合否(日/印)	
	マッサージ	1週間				
	マッサージの技術	1日				
	マッサージの理論と接客	1日				

●手法

① 軽擦法／軽くこする　　皮膚及び毛髪の毛細血管に栄養補給を促進
② 強擦法／強くこする　　皮下の老廃物除去のスピードを早める
③ 揉捻法／もみほぐす　　リンパと静脈を促し皮膚を健康にする
④ 振動法／振動を与える　血液循環を促す
⑤ 打法／叩く　　　　　　叩いて刺激を与え、快感を神経に伝える
⑥ 圧迫法／圧迫する　　　頭部を手で圧迫し刺激する

【マッサージ理論】

① マッサージの目的は「血流・血行を良くして老廃物を流す」「頭皮を健康に保つ」
② 気持ちのいい時間を提供し、リラックス＆癒し効果を狙う

【POINT】

・血液は30 〜 40秒で全身を巡りながら細胞に酸素と栄養素を運び、二酸化炭素を運び出す。
・リンパ液は12 〜 24時間かけて全身を巡るため、滞りやすい。

課題チェック表

	技術		本人	同僚	先輩	店長
1	タイム	シャンプー後のマッサージ（3 〜 5分）				
2	満足度	喜んでいただけた				
3	スピード	相手の呼吸に合わせてできた				
4	観察力	相手の表情を見ていた				
5	ツボ	的確にツボ押しできた				
6	声かけ	適切な力加減＆声かけができた				
7	力の強弱	リズムよく、弱すぎず強すぎず行えた				

	接客		本人	同僚	先輩	店長
1	挨拶をする（担当させていただく○○です。よろしくお願いいたします）					
2	相手の立場に立って施術を行う					
3	適切な声かけをする					
4	笑顔で接する					
5	その時の状況・状態を把握した行動をする					
6	不安を与えない接客をする					
7	お急ぎでなければマッサージを少し続けさせていただいてよろしいですか？と聞く（カラー・パーマなどでお疲れのときなど、サロンの全体の流れが大丈夫なら行うとコミュニケーションが高まる）					
8	お客様の変化を見逃さない（顔の表情など）					
9	感謝の気持ちを込めてマッサージをする					

シャンプー

課題チェック表

内容		学ぶ期間	開始日	合否（日／印）	合格	
	ヘアカラーシャンプーの技術	1週間				
	シャンプーの技術	2週間				
	シャンプーの接客	1日				
タオル・クロスのかけ方・イスの倒し方・毛髪の拭き方・ターバンの巻き方・フェイスシートの扱い方）		1日				

【シャンプー理論】

①シャンプーの目的は「毛髪と頭皮の汚れを落とすこと」「快感を与えること」

②成分を知ることが大事

・界面活性剤について知る

　（アニオン界面活性剤と両性界面活性剤が主である。アニオンは泡立ちや洗浄力に優れている）

・シャンプー剤の種類を知る

　（洗浄効果を主としたもの、コンディショニングを主としたもの、ヘアカラー用のもの、その他）

【POINT】

1　ホームケアの説明（洗い方＆乾かし方）

2　シャンプー後の施術を考えて行う

3　頭皮を傷つけないように爪は短くしておく

4　ブラッシングを行う（後の施術を考える）（毛髪のもつれ取りと血行促進）

課題チェック表　　例）ワンシャン5分、お流し3分、ヘアカラーシャンプー10分、カット後のお流し2分

技術		本人	同僚	先輩	店長
1	手指の力				
2	リズム				
3	姿勢の取り方				
4	隅々まで細かく気を配る（耳にお湯をかけない）				
5	温度調節（適温度は38〜40℃）				
6	ヘアカラー剤の乳化				
7	シャンプー剤の付け方と量（多すぎると指の動きが悪くなる＆髪も傷める）				
8	タオルドライ（こすらない、水がポタポタしない）				
9	すすぎ（洗いよりもシャンプー剤を残さないすすぎが大切）				
10	洋服を濡らさない				
11	首タオル・クロスかけ・イスの倒し方・ターバンの巻き方・毛髪の拭き方				

ヘッドスパ

課題チェック表

内容			学ぶ期間	開始日	合否（日／印）		合格	
		その他	1週間					
	ヘッドスパ （クイック）DVD で学ぶ		1週間					
	ヘッドスパの技術 （リフトアップ・その他）DVD で学ぶ		1週間					
ヘッドスパの理論&接客			1日					

【ヘッドスパ理論】

①ヘッドスパの目的は「心と体を癒す」「頭皮と毛髪の健康促進」

②スキャルプトリートメントを主としてツボ押しをし、リンパに沿って施術をして効果を出す

【POINT】

1　血行を良くし頭皮の生理機能を高める

2　毛髪の生育を促す

3　頭皮や毛髪の状態に応じて油分を補い、毛髪にツヤ を与える

4　血液は30 ～ 40秒で全身を回る。リンパ液は一日かかって回る（滞りやすいので注意）

5　シャンプーで取りづらい毛穴の汚れを取る

6　毛髪と頭皮診断を行い、それに合った商材やスパ施術法を選択する

7　リラクゼーションで癒す（心身ともに疲労回復＆安らぎ）

●手法

①　軽擦法／軽くこする　　リンパの流れを促進する

②　指圧法／軽く押える　　トップ・こめかみ・もみあげ等ツボを押さえ、代謝を高める

③　揉捻法／もみほぐす　　コリをほぐす

④　打法／叩く　　　　　　皮膚を叩いて刺激を与え、神経に快感を与える

⑤　圧迫法／圧迫する　　　血行を促進する。新陳代謝を高める

①力加減は強すぎず弱すぎず　②お客様の呼吸に合わせるとリラックスしていただけるので効果が出やすい

課題チェック表

技術			本人	同僚	先輩	店長
1	タイム	お客様に合せたクイック&ゆったりで癒しを提供				
2	満足度	静かさと香り、音楽などでリラックスしていただく				
3	声かけ	やさしい言葉遣いと声の大きさ				
4	スピード	相手の呼吸に合わせるのが基本。なるべくゆっくりと				
5	信頼	安心していただいて心と体を癒す				
6	観察力	お客様の表情を見逃さない				

トリートメント

課題チェック表

	内容	学ぶ期間	開始日	合否（日／印）	合格	
	トリートメント					
	トリートメントの技術	1日				
トリートメントの理論＆接客		1日				

【トリートメント理論】

①トリートメントの目的は「髪質改善」「キューティクルを整え、髪のツヤと手触りをよくする」

②通常マイナスイオンの電気を帯びた毛髪に、プラスのカチオン界面活性剤が表面に吸着して膜を張ることで毛髪を弱酸性に戻す。また、静電気防止と保護の効果もある

③パーマ・カラー・ヘアアイロン＆ドライヤーの熱・紫外線などのダメージを内部からケアする役割がある

3つの違いを理解しよう

①リンス／毛髪を整え、光沢と柔らかさを出す

②コンデイショナー／毛髪の表面に潤いやツヤを与える。補修能力はあまりない

③トリートメント／水分や栄養分を髪の内部に入れ、傷んだ毛髪を人工的に補強して健康な状態に近づける

【POINT】

1 髪の毛はケラチンタンパク質でできている（18種類ものアミノ酸が含まれている）

2 ケラチンを髪1本1本に浸透させることが大切

3 健康な毛髪はケラチンタンパク質80％、水分10 〜 15％、その他セラミドやメラニン色素、ミネラルから構成されている。この構成比が崩れると傷む

4 健康毛のpHは5.5くらいの弱酸性である

【成分の種類】

①PPT（ポリペプチド）／アミノ酸が集まったもので、毛髪内部の隙間に入り込んで修復する

②オイル(ホホバオイル・シアバター)／毛髪表面に油分を補給、コーティングして髪のまとまりや指通りを良くする

③セラミド／水分を集める作用がある。毛髪内部に水や栄養を運ぶ役目がある（自然なハリや弾力を出す）

④カチオン界面活性剤／よく使われる成分だが、その他、様々な成分がある

【技術の種類】

①塗布し、そのまま放置

②塗布してキャップをして放置

③塗布して加温

④塗布して手でもみ込む

⑤塗布して流してアイロンを引く

⑥塗布の注意点／トリートメントは傷んだ毛先から塗布

⑦ドライの注意点／ドライヤーは頭皮から20cm離す

縮毛矯正

課題チェック表

内容		学ぶ期間	開始日	合否（日／印）	合格	
	縮毛矯正パーマの技術	1日				
	縮毛矯正パーマとブローの アイロンワークの違い	1日				
縮毛矯正パーマの理論＆接客		1日				

【縮毛矯正の理論】

①縮毛矯正の目的は「クセを伸ばす」

②パーマ剤の分類

・二浴式（コールドタイプが多い）／1剤の主成分はチオグリコール酸（アルカリ溶剤）、2剤の主成分は臭素酸ナトリウム・過酸化水素水。過酸化水素水は短時間で作用するので、毛先まで浸透するようしっかり塗布することが大事。放置時間が長すぎると脱色やダメージの原因に

・システインタイプ／システインを還元剤として用いる。還元力が弱いためウェーブをつける力も弱いが毛髪の修復作用がある。ただし材料費が高く、安定性が弱い

・加温式タイプ／チオ系とシス系の二浴式があり、60℃以下で還元させる

③縮毛矯正剤の剤形には、クリームタイプとジェルタイプがある

④コーミング時には必要以上のテンションをかけないこと。また、根元には1剤を塗布しないこと

【技術フロー】

①カウンセリング　トラブルを防ぐために　①過去の施術履歴　②体質　③今の体調を聞く

②毛髪診断　毛髪の水分の吸収度をチェック。撥水性毛→吸収が悪いためパーマがかかりづらい、吸水性毛→吸収が良いためパーマがかかりやすい　また、髪質・クセ毛の状態、ダメージの状態もチェックする

③前処理　ダメージの状態を目安に前処理剤を使用する

④1剤塗布　顔周りに保護クリームを塗布する。軟化しづらいネープから塗布し始め、根元は空けて塗布する

⑤放置タイム　ラップを被せる。10分前後が目安、オーバータイムに注意する

⑥軟化チェック　かかりやすい部分とかかりにくい部分、両方でチェックする

⑦中間水洗　1剤を流す。水分をタオルで十分吸い取らせる

⑧ドライ　わずかにしっとり感を感じる程度にドライする

⑨アイロン操作　毛髪にアイロンを当てる（毛髪のダメージレベルに応じて温度を変える）

⑩2剤塗布　ハケやアプリケーターで素早く丁寧に塗布する

⑪放置タイム　約10分が目安

⑫プレーンリンス　2剤を流す（プレーンリンス…予洗い・素洗い・すすぎ、のこと）

【POINT】

1　ムラなく塗布する

2　ダメージ部分の処理を行う

3　根元に塗布しない（頭皮に薬剤を付けない）

4　顔周りに保護クリームを必ず塗布する

5　アイロン操作には細心の注意を払う（火傷させない）

仕上げセット＆ブロー

課題チェック表

内容			学ぶ期間	開始日	合否（日／印）	合格	
	仕上げセット＆ブローの技術と スタイリング剤		1日				
	ストレートアイロンと カールアイロン		1日				
	仕上げセット＆ブローの接客		1日				
仕上げセット＆ブローの理論			1日				

【仕上げセット＆ブロー理論】
①仕上げセット＆ブローが良ければお客様満足度が上がり、リピートにつながる
②仕上げセット＆ブローは、プロであることをその場で実証できる最大の技術の見せ場

【POINT】
1　毛髪にツヤを出す
2　デザインの方向づけをする
3　毛先を巻き込んだり外側にハネさせたりする
4　クセやパーマをストレートに伸ばす
5　最適なスタイリング剤を選定し、適切に使う
6　ボリュームを出すor抑えて量感を調整する

【使用アイテム別の使い方】
使用するツールはデザインによって使い分ける
1　ドライヤー　ブローする前にクセ毛なら50％、その他は70％程度ドライ。前髪→ネープ→つむじの順にドライし、ラップドライで根元の方向付けをする。
2　ハーフラウンドブラシ
　　①0度／根元近くをブロー。吹き出し口と毛束を平行にする
　　②90度／ストレートに伸ばす。もっとも効率が良い角度
　　③90〜180度／毛先を自然な内巻きにする
　　④180〜270度／毛先をしっかりと内側に曲げる
3　ロールブラシ＆スケルトンブラシ　根元のボリュームを出す、カールを付ける、毛流れの方向性を付ける
4　仕上げストレートアイロン　160〜180℃で施術し、ツヤを出す
5　カールアイロン　カールやウェーブの動きを出す
　　①毛先巻き　②根元巻き　③中間巻き　④スパイラル　⑤ツイスト　⑥波巻き
6　ハンドブロー
　　①質感を上げる／伸ばす、もむ、折る、すくい上げる、こする、つまむ
　　②ボリュームを抑える／根元を立ち上げる、引っ張ってカールを伸ばす
　　③ハリケーンブロー／指を頭皮に渦巻き状にクルクル回し、毛先を散らして動きを出す
　　④つまみブロー／毛先を親指と人差し指でつまみ、もみ込む（パーマの動きを出す）
　　⑤逆毛ブロー／毛束を少量、指でつまんで根元に押し込む（ボリューム調整）
　　⑥ピンカールブロー／毛束をピンカールのように曲げて毛流れをつくる

【気をつけること】
1　ドライヤーの熱い風を顔や頭皮に当てない
2　スライスとブラシは平行が基本。別の毛を絡めると痛い
3　乾かし過ぎは髪を傷める
4　アイロンは火傷の危険性があるので気をつける

アップ＆編み込み

課題チェック表

内容		学ぶ期間	開始日	合否（日／印）	合格	
	成人式＆卒業式＆七五三＆新日本髪＆その他	1カ月				
	アップ＆編み込みの技術	1日				
	アップ＆編み込みの接客	1日				
アップ＆編み込みの理論と道具		1日				

【アップ＆編み込み理論】

①基本はイヤー・トゥ・イヤーでパートを分ける。
②逆毛を立てる　❶ボリュームを出す　❷面と面をつなげる　❸方向づけ
③シニヨンをつくる　❶垂直（トップ）　❷水平（クラウン）　❸斜め上（ゴールデンポイント）　❹斜め下（ネープ）
④すき毛を使うor使わないを判断する
⑤ハーフアップの場合も含め、どのスタイルもバランスが大事
⑥いつ、どこに、何のためのアップなのかをカウンセリングでしっかり確認してデザインを考える

【POINT】

・ゴールデンポイントの前にデザインのポイントを持ってくると華やかさが出せる。逆に後ろに持ってくると落ち着き感が出せる
・シニヨンは垂直・水平・斜め上・斜め下など、つくる位置を変えることで印象を変えることができる

【技術フロー】

①ピン打ち・コームやブラシのとかし方・ゴムの結び方の基本を徹底する
②シニヨンをつくるときは、必ずではないが、まずゴムで縛る
③ゴールデンポイントのアップデザインを学ぶ
④ネープポイントのデザインを学ぶ
⑤新日本髪のデザインを学ぶ
⑥編み込みを使ったデザインを学ぶ
⑦アップスタイルのブロッキングを学ぶ
⑧かわいいスタイルをつくるにはカールなどがおすすめ
⑨落ち着いたスタイルをつくるには面をつくることが多い

メイク

課題チェック表

内容		学ぶ期間	開始日	合否（日／印）	合格
	メイクの技術 （肌質と季節メイク）	1日			
	メイクの技術 （輪郭に合わせた補整メイク）	1日			
	メイクの技術（基礎メイク）（着物用メイク）	1日			
メイクの理論と接客と道具の扱い方		1日			

【メイク理論】

①良いところを生かし、気になるところをカバーして、
　心から楽しくなるようにメイクをする
②ＴＰＯを考えたメイクを心がける
③美しくする

④下地の大切さを意識する
⑤メイクはベース作りで決まる
⑥眉修正のみでも変化が大きい
　（ストレート眉・アーチ眉・コーナー眉）

【POINT】

・メイクにおいて、スキンケアはとても大切。メイクの仕上がりを左右する
・スキンケアとは①クレンジング（洗顔）　②トーニング（整肌）　③プロテクティング（保護）を指す

課題チェック表

技術フロー		本人	先輩	店長	講師
1	①ポイントクレンジング（目の周りや口の下はソフトに行う）				
2	②顔全体のクレンジング（オイル塗布・乳化・ふき取り）　③トーニング　④プロテクティング				
3	ベースメイク①ファンデーションを塗る　②ファンデーションで立体感を出す（ローライト＆ハイライト）				
4	③くすみ＆赤味を消す　④チーク＆シェーディング＆ノーズシャドー				
5	パウダリング				
6	アイシャドー＆アイライン＆マスカラ				
7	アイブロー				
8	リップ				

注意事項		本人	先輩	店長	講師
1	一客ごとに手指消毒をする				
2	化粧品は使用したら、その日のうちに手入れを行う				
3	机の上や周りをキレイに気遣いながら施術を進める				
4	一客ごとに筆は洗い、手入れのされていないものは使用しない				
5	その人の良いところを生かしたメイクをする				
6	元気に見えるよう肌にツヤを出す				
7	そのときの状況・状態を把握する（お出かけ先を伺い、それに合わせたメイクを行う）				
8	人それぞれ違うので、個性を引き出し美しくする				

着付け

課題チェック表

	内容	学ぶ期間	開始日	合否（日／印）	合格	
	花嫁	5カ月				
	留袖と七五三	1カ月				
	浴衣と振袖・着崩れしないポイント	1日				
着付けの理論と接客		1日				

【着付け理論】

①着物の良さを理解し、日本の着物文化を伝承していくことが大切

②日本では昔は着物が主流であったが、現在はおしゃれや礼装というハレの日に着ることが多くなった

③最近は着物のリサイクル店が増え、気楽に自分の個性を生かしながら自由な着方をする人が増えている

【POINT】

・必要な道具／①足袋　②肌襦袢　③裾除け　④補正（タオル・コットン・さらし・ガーゼ）　⑤長襦袢　⑥伊達締め（2本）⑦着物　⑧コーリンベルト　⑨帯　⑩帯板　⑪帯枕　⑫帯揚げ　⑬帯締め　⑭紐7本（三重仮紐1本含む）⑮その他（草履・バッグ・ショール）

・着付けの種類／①子どもの着付け七五三　②振袖　③留袖　④訪問着　⑤付け下げ　⑥卒業式の袴　⑦花嫁　⑧男性袴　⑨浴衣

課題チェック表

技術		本人	同僚	先輩	店長
1	着物の各部の名称を覚える				
2	着物のたたみ方を覚える				
3	半衿のつけ方（襟とじ や 襟芯）を学ぶ				
4	紐や小物の片付け方を覚える				
5	補正の仕方を学ぶ				
6	長襦袢の着方を学ぶ				
7	衿の抜き方と合わせ方を学ぶ				
8	裾丈と下前と上前の合わせ方を学ぶ				
9	おはしょりをキレイにする				
10	帯の回し方と締め方を学ぶ				
11	帯板と帯枕の入れ方を学ぶ				
12	三重仮紐の使い方を学ぶ				
13	帯の羽根のたたみ方と帯結び種類（5種）を学ぶ				
14	様々な帯揚げを学ぶ				
15	様々な帯締めを学ぶ				
16	お祝いごとは、始めに「おめでとうございます」と挨拶する				

カラー

課題チェック表

内容			学ぶ期間	開始日	合否（日／印）	合格	
		マニキュア	1日				
	その他の技術ブリーチ＆ホイルワーク		1日				
	ヘアカラーの技術（おしゃれ染め）リタッチ		1日				
	ヘアカラーの技術（おしゃれ染め）		1日				
	ヘアカラーの技術 （白髪染め） ワンタッチ		1日				
ヘアカラーの理論＆接客			1日				

【カラー理論】

①永久染毛剤／酸化染毛剤（アルカリ性）　❶白髪染め　❷おしゃれ染め

②脱色剤・脱染剤／ヘアブリーチ、ヘアライトナー

③半永久染毛料／酸性染毛料　❶マニキュア　❷カラーリンス　❸酸性カラー

④ホイルワーク／メッシュ＆スライシング＆ウィービング＆インナーカラー＆イヤリングカラー

⑤バレイヤージュ／境目がきれいなグラデーションカラー（毛先など）

⑥色の基本／赤・黄・青　❶色相（色味）　❷明度（色の明るさ）　❸彩度（色の鮮やかさ）

⑦アンダートーン（髪が持つ下地の色で、人によって異なる）

課題チェック表

技術と接客

		本人	先輩	店長	講師
1	顔周りやネープラインに保護クリームを塗る				
2	頭皮に保護剤をつける				
3	白髪染めは頭の前方から塗布する				
4	おしゃれ染めは染まりにくいネープやもみあげ部分から塗布する				
5	酸性染毛料のマニキュアは地肌に着くと色が取れにくいため、地肌にはつけない				
6	頭皮が過敏になっているので痛くないよう、刷毛を立てずに塗布する				
7	必要以上に薬剤を塗らない				
8	オーバータイムになって髪を傷めない努力をする				
9	カラー施術中、お客様に不都合はないか声かけをする				
10	パッチテストをする（アレルギーの確認）腕の内側に薬剤を付けて48時間置く				
11	ブリーチ剤は地肌につかないように気を付ける				
12	タイムを正確に測る　例）白髪染め●●分、おしゃれ染め●●分、ブリーチ●●分				
13	ご挨拶をする（担当させていただく○○です。よろしくお願いいたします）				
14	薬剤の調合（計算）をする				
15	色味を把握する（日本人の平均ナチュラルレベルは4～5レベル前後）				
16	補色の関係を理解する				
17	頭皮が荒れていたり毛髪が傷んでいたら無理に染めず、次回へのおすすめを丁寧にする				
18	薬剤を作りすぎない（無駄をなくす）				
19	放置時間をお客様に伝える				

カット

課題チェック表

内容		学ぶ期間	開始日	合否（日／印）		合格	
	その他レザーカット＆ドライカット	3カ月					
	レイヤーカット＆メンズカット（刈上げ）・展開図	2週間					
	グラデーションカット・展開図	2週間					
	ワンレングスカット・展開図	2週間					
カットの理論＆接客		1日					

【カット理論】

①カットの基本3原則／❶頭皮に対して直角に引く ❷毛流に対して直角に切る ❸スタイルによって角度に変化をつける

②スライスの種類／横スライス、縦スライス、斜めスライス、放射状スライス

③パネルと頭皮の角度／横スライス時……アップステム、オンベース、ダウンステム。縦スライス時……オンベース、オーバーダイレクション

④ラインの設定法（顔のポイント）例）アイポイント（目）、ノーズポイント（鼻）、リップポイント（口）、チンポイント（あご）

⑤ベーシックカット技法4種類／ワンレングス、グラデーション、レイヤー、セイムレングス

⑥カット技法／ブラント、ストローク、セニング、ポイント、スライド、チョップカット、刈上げ、トリミング

⑦道具の種類／シザー、レザー、セニング、バリカン

⑧カット法2種　／ドライカット、ウェットカット

課題チェック表

技術と接客

			本人	先輩	店長	講師
1	正しい姿勢	体をお客様に近づけすぎない				
2		肩幅のスタンスで立つ。鏡の前でポージングの練習をし、腕の角度をカットラインに合わせる				
3	カウンセリング	ご要望を写真や雑誌などで確認し、求められるスタイルに近づける				
4		スタイル写真のどこが気にいったのか聞いて、その部分は外さない				
5		こうカットされるとイヤというところは把握しておく				
6		普段の仕上げ方を聞く（丁寧なブローをする、スタイリング剤を使う、など）				
7		美容師が思う1cmと、お客様が思う1cmの違いを理解する				
8		相手の立場に立って施術を行う				
9	ご挨拶	担当させていただきます〇〇です。よろしくお願いいたします				
10		笑顔でやさしい言葉使いと明るい声でご挨拶				
11	カット施術中	声かけで話したくないか話したい人かを判断して接客する				
12		そのときの状況・状態を把握した行動を取る				
13		首タオルやクロスはきつくなく、ゆるくなく付ける				
14		お顔にカットした毛が付いたまま帰さない				
15	その他	消毒は徹底する（コーム・シザー・ダックカール・シザーケース・その他）				
16		タイムを守る　例）15分				
17		お客様にケガをさせない				

展開図

課題チェック表

内容			学ぶ期間	開始日	合否（日／印）	合格
	3種類の展開図を書いてみよう		1日			
	（点・線　面）		1日			
形			1日			

【展開図の理論】

・デザインするには、どこを残し、どこを切るのか？引き出し方は？ラインは？長さは？重さは？丸みはどこにつける？などを考えなければならない。カットを勉強するにはこれらの要素をすべて表現できる展開図をつくれるようになることが大切

・スライス・引き出す角度・ライン・オーバーダイレクションなどを展開図で表現できるようになろう

【POINT】

1　頭を横に4つに分ける／ネープから①アンダーセクション②ミドルセクション③オーバーセクション④バング

①アンダーセクション……アウトライン。スタイルの長さをつくるセクション

②ミドルセクション……ウェイトを作る、厚みや丸みを出すセクション（骨格は平らである）

③オーバーセクション……スタイルの表面。重さや軽さを出すセクション（骨格は丸く傾斜が大きい）

④バング……顔周りの重要な部分。一番雰囲気が変わるセクション

2　色分けするとわかりやすい

①スライス線……緑　図の頭皮に書く（縦・横・斜め）

②カットライン……青　パネルを手で持ち、ハサミを入れてカットする線

③引き出す角度……赤の矢印　オンベースかオーバーダイレクションかなど、矢印で引く方向を書く

パーマ

課題チェック表

内容			学ぶ期間	開始日	合否（日／印）	合格	
		変わりパーマ	1日				
		パーマの技術（ショートスタイル）	1日				
	パーマの技術（ロングスタイル）		1日				
パーマの理論＆接客（ターバンを巻く・薬剤塗布・保護クリーム塗布・その他）			1日				

【パーマ理論】

①毛髪をロッドに巻いて1剤（還元剤）と2剤（酸化剤）の薬剤によって変化をつける

②パーマ剤の分類→P.54「縮毛矯正」の項を参照（縮毛矯正クリームやジェルと違い、パーマ剤は液体がほとんど）

③巻き方は❶毛先巻き　❷中間巻き　❸根元巻き　がある

④コールド二浴式は常温で使用すること。ドライヤー、スチーマー、遠赤外線などによる加温はNG

課題チェック表

技術フロー		本人	同僚	先輩	店長
1	毛髪診断 ・トラブルを防ぐために①過去の施術　②体質　③今の体調を聞く ・毛髪の水分の吸収度をチェック。撥水性毛→吸収が悪いためパーマがかかりづらい、吸水性毛は吸収が良いためパーマがかかりやすい ・髪質・クセ毛の状態・ダメージの状態もチェックする					
2	ロッド選定　フルウェーブは、ロッド3回転分の毛髪の長さが必要					
3	前処理　髪の毛の状態を理解して前処理を行う 　薬剤の付け方　①水巻き　②薬剤の付け巻き　③トリートメント巻き（傷んでいる場所に）					
4	1剤塗布　顔周りに保護クリームを塗布する 　かかりにくいところからロッド1本1本丁寧に塗布する					
5	ターバン　薬剤塗布が終わったらターバンを変える（アレルギーと季節の変わり目に特に注意）					
6	放置タイム　キャップを被せる。10分前後が目安。オーバータイムに注意する					
7	テストカール　かかりやすいところとかかりにくい部分、両方でチェックする					
8	中間水洗　2剤の働きを効果的にする。毛髪のダメージを軽減する。水分をタオルに良く吸い取らせる					
9	2剤塗布　持ちを良くするために1本1本丁寧に塗布する					
10	ロッドアウト　2剤塗布の放置後、やさしく外す					
11	プレーンリンス　ぬるま湯でよく流し、軽くシャンプーする					
12	タイム　トータル　　●●分					
13	季節の変わり目はお肌が敏感なので注意する					
14	薬剤が目や耳の中に入らないように特に注意をする					

デザイン学

課題チェック表

内容		学ぶ期間	開始日	合否（日／印）	合格	
	トータルデザイン（色・形・印象・服装・体格）※モデル&ウィッグ	1カ月				
	似合わせ　※モデル&ウィッグ	1日				
	デザインの要素（点・線・面）と原理　※座学	1日				
デザインの理論　※座学		1日				

【デザイン学理論】

似合う素敵なデザインはお客様を幸せに、笑顔にする

課題チェック表

		本人	先輩	店長	講師
1	前髪ひとつで印象が変わる				
2	1人ひとりの個性を見極め、どのような印象になりたいかを理解する				
3	小顔に見えるようにデザインする				
4	少しの色の変化で印象が変わる				
5	家に帰っても自分で再現できるスタイルを提案する				
6	お客様の環境・仕事・雰囲気などを見定めてデザインをする				
7	デザインをする際、その人のために一生懸命になることが重要				
8	大人のお客様には、年齢が少しだけ若くなるようにデザインする				
9	デザインをする際、どこにお出かけされるのかを把握する				

似合わせ

		本人	先輩	店長	講師
1	体型・顔・声・髪（質感・長さ・色）・性格・ファッション・メイクで印象をつかむ				
2	顔型は卵型を基本に考える。すべてバランスが大切				
3	やさしい&かわいい印象→カール				
4	クールな印象→ストレート				
5	カットライン・色・質感・毛先の動き・形でヘアデザインができる				
6	骨格を意識してデザインする				
7	ボリュームを考える（大人の方は特にボリュームが大事）				
8	顔に似合わせる				
9	しっかりお客様のご要望を聞く				
10	スタイルに合わせ適切な道具を使用する				
11	お出かけ先を理解したデザイン仕上げをする				
12	タイム／例）ショート15分、ロング20分				

撮影

課題チェック表

内容		学ぶ期間	開始日	合否（日／印）	合格	
撮影会		3日				
撮影学の技術		1日				
カメラの使い方を学ぶ		1日				
撮影学の理論＆接客		1日				

【撮影理論】

①撮影を通してヘアスタイルと顔とのバランスを学べる

②遠近感や角度を考えて撮影する

③その人の一番美しい角度と方向を見つけ出す

④その人に一番似合うカラーを見つけ出す

【技術】

①室内での撮影

②屋外での撮影

③着物での撮影

④ドレスでの撮影

⑤明るさを学ぶ

⑥反射板の使い方を学ぶ

⑦パソコンへの取り込み方を学ぶ

⑧SNSなどに投稿する

【接客】

①ご挨拶をする「担当させていただく○○です。よろしくお願いします」

②モデルの気持ちに寄り添う

③相手の立場に立って撮影を行う

④声かけをする

⑤笑顔で接する

⑥そのときの状況・状態を把握した行動を取る

⑦楽しい雰囲気をつくる

⑧褒めると良い写真が撮れる

髪質改善

課題チェック表

内容		学ぶ期間	開始日	合否（日／印）	合格	
	髪の毛を修復する方法	1日				
	健康な髪の毛とは	1日				
髪の毛が傷む理由		1日				

【髪の毛が傷む理由】

①紫外線の影響
②パーマ・カラーなどの薬剤ダメージ
③アイロンの熱などの影響
④強いブラッシングなどの外的要因
⑤加齢

【健康な髪の毛とは】

①毛髪内部に必要とされるタンパク質や水分など必要な栄養が十分にある
②キューテイクルが整っている（傷ついていない）
③弾力がある
④ツヤがある

【髪の毛を修復する方法】

①ヘアトリートメントで保湿したり、タンパク質を補給したりする
②髪質改善トリートメントを行う
③自分の毛髪に合ったヘアケアをする
④髪に良い食べ物を摂るようにする

まつげエクステンション

課題チェック表

内容		学ぶ期間	開始日	合否（日／印）	合格	
	リムービング	1日				
	施術法	1日				
トラブルを防ぐカウンセリング方法		1日				

【まつげエクステンション理論】

まつげエクステンションとは、自まつげに人工のまつげを接着剤（グルー）でつけて長くする技術
美容師が美容室でのみ行うことができる

【注意事項】

①グルーが皮膚につかないように気をつける
②一客ごとに消毒をした道具を使用する
③地肌から1mmは離して接着する
④施術前に手指消毒を必ず行う
⑤カウンセリングはしっかりと行う

胸に響く先輩からの言葉が満載！ Part2
がんばるみんなへの応援メッセージ

第3章は技術に関するお話でしたが、覚えなければいけないことがたくさんあることを知っていただけたと思います。でも、その先にはお客様の笑顔や自分自身の成長があります。
途中で挫折することなく、ひたむきにがんばるために、あなたの背中を押す言葉を集めてみました。

P50 マッサージ

施術時間が長いマッサージに付け加えたいひとこと。「長時間、お疲れ様です。マッサージが癒しになるよう、一生懸命させていただきます」。シャンプー後のマッサージはどこのお店でも行っていると思いますが、気持ちをお伝えするやさしいひとことによってさらに素敵なマッサージとなり、施術を行う人もやさしい人だと認識されます

疲れている人を私が、
絶対に癒したいという気持ちが大切。
お客様に伝わるよ

いい機会があったので台湾マッサージも勉強しました。最近では台湾ではバックシャンプーに変わりつつあり、シャンプーマッサージができる人が少なくなったらしいですが、日本から台湾マッサージを体験しに行くツアーもあります。本当に気持ちいいので、
一度、体験してみて

P51 シャンプー

初めてのお客様のシャンプーって緊張したよ。でもチャンスなので一生懸命シャンプーのプロになろうとがんばった。その結果、「あなたでなければ」という指名が多くなった。コミュニケーション、髪質、頭の形、力の加減（痛がりの方もいる等）、その他いろいろ、シャンプーから学んだことはたくさんあった

シャンプーをがんばった結果、
お客様から「カットデビューはいつかしら？
デビューしたら私を1番にカットしてね」と言っていただきました。「デビューのための試験はまだこれからなんです」とお話しましたが、「一生懸命、私のことを考えたシャンプーをしてくれるので、カットもあなたに任せたいわ」と言われ、うれしかった。
やったー！

P52 ヘッドスパ

お客様の呼吸に合わせてスパの施術をすると効果がアップするよ。
「頭皮が元気になるように」
「髪にツヤが出ますように」
「心と体が癒されますように」と、
やさしい気持ちを込めて施術してね

P53 トリートメント

お客様がトリートメントを
希望されるということは
「髪をキレイにしたい」という思いの
現れです。私は商材を髪につけるとき、
いつも心の中で「キレイになーれ！」と
念じながら施術をしています

P54 縮毛矯正

縮毛矯正で気分を変えられるなんてすごい！
クセを伸ばすことにばかりに気を取られて
髪の毛を傷めたらダメ。気をつけて。
キューティクルが整うとツヤが出て
すごくキレイでこちらまでうれしくなる。
ピカピカの髪っていつ見ても最高！

クセ毛の方は「梅雨時期などは
髪が広がってしまうのでスッキリしたい」
という気持ちを持っています。
縮毛矯正をすると「髪がまっすぐに
なってすごく楽しい」「朝の仕度が
楽になった」と喜ばれることが
多いのでがんばろう！

P55 仕上げセット&ブロー

カットも大事ですが、1つのカットスタイルで何種類かの仕上げスタイルを
教えてあげましょう。次回来店までの間に様々なスタイリングを
楽しんでいただけます。ストレートのスタイルをカールアイロンなどで
仕上げるとイメージが変わり、パーマをかけたくなるかもね

仕上げはいちばん気を抜いてはダメなところです。
美容室で素敵に仕上げてもらえたらお客様はうれしくて、美容室の帰りに
知り合いの人などに会いたくなると思います。お客様が街を歩くことで宣伝して
くれるようなものですよね。仕上げは美容師としてもクリエイティブな表現を
楽しみながら仕事ができる瞬間です

P56 アップ&編み込み

私がまだカットに入りたての頃、お客様が
「あなたを気に入ったから私の頭を
アップにして」と言われました。
「アップはまだデビュー前なので……」と
言うと「プロでしょ！」と言われ、
困った思いをしました。その後、
「いいからやってみて。私が教えるから」
と言われ、断れずに挑戦しました。
アップが好きになったのもその人との
出会いがあったからだと感謝。
それをきっかけに、お客様に喜んで
いただきたい一心で一生懸命学びました

逆毛って知っていますか？
アップのときにコームで髪の毛を
逆にとかすことです。
最近は編み込みが多いけれど、
新日本髪のときなどボリュームを
出すのに使うので学んでおいても無駄で
はありません。私はがんばった結果、
逆毛ツリーをつくれるようになったよ。
必要ないけれどね（笑）。
でも自慢です！

P57 メイク

施術中、ずっと気になって仕方がなかったことがありました。
眉が手入れされておらず、かなり太かったのです。
ヘアスタイルが仕上がったとき、失礼にならないように気を付けて
眉カットを提案しました。気にしたことがなかったということで
初経験していただき、その結果、すごーくかわいくなってお客様は
喜んで帰りました。その後は信頼され、一生のお客様になりました。

P59 カラー

季節によって洋服が変わると
洋服と髪、トータルでおしゃれを
したくなります。ヘアカラーでも
かなり気分が変わります

刷毛を立てて塗ると頭皮が痛いよ。
刷毛は、寝かせてやさしくね。
白髪は前の方は特に丁寧に塗ってね。
すぐに白髪が伸びちゃうから

カラーで毛先を傷めてしまった。どうしよう！「毛先をカットしてもいいよ」と
お客様に逆に慰められた。プロとして失格だ……。傷んでいたのに、
さらに傷めて切ることになってしまった……。始めに今回は髪を休めて
次回にカラーを提案すればよかった。ごめんなさい！
「いつも私の髪を大切に扱ってくれているあなたの気持ちがわかるからいいよ」と言われ、
さらにプロの仕事をしなければと思いました

P60 カット

クリエイティブデザイナーになって！
「いつもと一緒」「今日も1cm切って
おきますか」はダメ。
プロの提案をしましょう

リフレッシュ！変身！大成功！
ワクワク！男性も女性もお年寄りも
子どもも、素敵にカットして
笑顔にしよう

P62 パーマ

季節の移り変わりで洋服が変わるの
だから、そのタイミングでいつもと違う
ヘアスタイルを提案するのがプロだと思う。
ヘアチェンジには、キレイにもかわいくも
なるパーマがおすすめだよ

お客様と美容師では「1cm」の
感覚が違うので気をつけて。
「1cmと言ったのに短く
切られた」などとよく聞きます。
仕上げ方によっても
違いがあるので、そういう
説明をするといいかもね

池田眞理子の原点 池田美容学校

本書の著者・池田眞理子さんが理事・講師を勤め、熱い思いを持って未来の美容師への指導にあたっているのが池田美容学校です。ここでは池田美容学校についてご紹介します。

現理事長である池田昌隆さんが、前身である「池田ヨシタカ美容研究所」を1968年に旗揚げし、その後、美容塾青春美容学苑を経て2006年、厚生労働大臣指定校 池田美容学校が開校。「即戦力の美容師を育てる」ことをモットーに「お客様の美と喜びのために何ができるか」を追求し続け、これまで多くの美容師を輩出してきました。

「サスーン・スクールシップコンテスト」にて

生徒に指導している
池田眞理子さん

池田美容学校校長の
橋本有希さん

池田美容学校理事長
の池田昌隆さん

第4章

1～5年目の成長階段

数字を通して成長しよう

美容師にとって1〜5年目は大事なとき。年次別の成長の目安を頭に入れ、常に売上（数字）を把握しましょう（金額は月売上の目標金額）。

1年目

自分の良さをわかってもらい、ウィッグで基本を学ぶ。モデルを担当することで数字を意識し、紹介していただく大切さを学ぶ。また、毛髪や接客についても基礎から学ぶ。

①美容師としての人間性を磨く（謙虚で人に尽くす精神を養う）
②お客様との信頼関係をつくる（ファンをつくる）
③基本の技術を習得する（カット＆カラー＆パーマ＆ヘアケア＆その他）。基本は焦らずしっかり学ぶ
④モデルを担当する（練習台ではないので感謝の心を持ち、一生懸命、接客する）
⑤モデルを担当する際、毛の太さ＆毛流＆つむじの影響＆クセ毛＆左右の方向性など多様な髪質を理解する。
　多人数やればやるだけ知ることができる
⑥モデルを担当する際、カラーのアンダートーンの作用を学ぶ
⑦モデルを担当する際、できないことをカバーする力をつける
　（明るい人＆お客様のことを一生懸命考えてくれる人＆マナーの良い人＆接客力が高い人＆その他）

ケアリスト	カラーモデル	カットモデル	デビュー！	キャンペーン	キャンペーン							
10万円	15万円	20万円	40万円	50万円	60万円	70万円	100万円	130万円	140万円	150万円	160万円	170万円
1年目4月	2年目4月	2年目10月	3年目3月	3年目4月	3年目8月	3年目12月	4年目3月	4年目5月	4年目7月	4年目8月	4年目10月	4年目12月

3年目

①アシスタントを育てていく（売上130万円以上になると、自分ひとりでは無理が生じる）
②紹介していただいても失敗すると紹介者まで失ってしまう
　（技術面での失客よりも接客や人間性での失客が多い）
③心から感動していただくひと言を添えたDMを出す
④チームをまとめる（ひとりの力は弱いので、同じ方向を向くことを教える）

2年目

①紹介していただくための割引プランを考える（紹介者のお顔をつぶさないようなものにする）。
　割引券よりも自分の得意技を書いたカードを渡すのも有効
②紹介するにはお客様にも勇気がいる。
　お客様に紹介していただける要素をモデル担当時から積み重ねておく
③要素とはお客様との信頼関係（技術力・提案力・似合わせ・接客力）。
　ファンになってもらうことが大事
④失客をしない努力をする（お客様は大切な会社の資産）。技術不足は接客、人柄でカバーする
⑤施術時間等の時間意識を持つ（お客様の大切な時間を
　無駄にすることなく施術できれば技術の信頼につながる）
⑥カルテにたくさんの情報を毎回記入する
　（来店予約前日にチェックしておく）

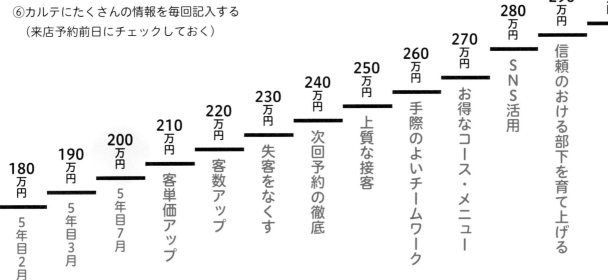

スーパースタイリスト

180万円	5年目2月
190万円	5年目3月
200万円	5年目7月
210万円	客単価アップ
220万円	客数アップ
230万円	失客をなくす
240万円	次回予約の徹底
250万円	上質な接客
260万円	手際のよいチームワーク
270万円	お得なコース・メニュー
280万円	SNS活用
290万円	
300万円	信頼のおける部下を育て上げる

4年目

①幹部としての仕事を理解して行動する
②アフターフォローのDMを送る
③シーズンごとに新しいデザインを提案する
④次回予約を確実に取る
⑤紹介していただくために自分の感性を磨く
⑥成功させるための企画を考える
⑦部下を育成し、部下の勤務状況を把握する

5年目

①感謝の気持ちで仕事をする
②コミュニケーションを大切にする
③マンネリ化せず、常に学び続ける

やるべきことをやり、
数字とともに成長するための計画表

　1〜5年目にかけて、常に数字を意識して成長することが大切です。自分の現在地を確かめながら「やるべきこと」をしっかりこなしましょう。

入社年次		売上目標	ポジション	やるべきこと
1年目	4〜6月	シャンプー10本		①マッサージ②シャンプー（カラーも）③施術による髪の乾かし方④薬剤塗布⑤ヘッドスパ⑥白髪染め（スタイリストと一緒に）⑦商品知識（スタイリング剤・その他）⑧頭皮ケア・ヘアケア⑨トリートメントと商品販売の仕方⑩美容師になった理由を書く（夢作文）⑪自分を知る（長所・短所）⑫会社のビジョンを理解する⑬アシスタントの仕事に精進する（掃除・電話受付・準備含む）⑭接客⑮営業中にしてはいけないことを理解する
	7〜10月	10万円		①カット（レイヤーの基本）②カット（グラデーションの基本）③テーパーカット④セニングカット⑤徹底した掃除⑥人頭で髪質を知る⑦接客（笑顔とやさしい話し方）⑧気配り・目配り・心配り（観察と実行）⑨報・連・相を忘れない⑩カット（ワンレングスの基本）⑪正しい姿勢と道具の扱い方⑫仕上げテクニック⑬展開図⑭骨格⑮人を幸せにする職業⑯人間性⑰失客⑱増客（何をしたらよい？）⑲クレーム対策⑳カーラー巻き㉑カールアイロン㉒ブロー（デンマン＆ロールブラシ）㉓スタイリング剤の使い方㉔簡単アレンジ（浴衣）㉕編み込みスタイル㉖メイクの基本㉗着物下準備㉘アイロンの引き方違い㉙ストレートパーマ㉚おしゃれ染め（スタイリストと一緒に）㉛ブリーチ（スタイリストと一緒に）㉜毛髪の基礎知識㉝カラーの基礎＆ホイルワーク＆デザイン
	11〜3月			①美容は人に尽くす職業なので人間性を高める②モデルハントの仕方と注意点③数字を通して成長する④説明責任をしっかりと
2年目	4〜9月	15万円	カラーモデルスタート	①周りの人をあなたのやさしさと心配りで元気にする②チームワークの強化③スタッフとコミュニケーションを取る④モデルアフターフォロー（DM）⑤カットタイム20分以内⑥プロ意識を持つ⑦インスタ用の作品撮影⑧カラーは染めるだけでなく、プラスαの提案⑨カット ワンレングス＆グラデーション 前上がり・前下がり

【POINT】

・ただ技術ができるようになっただけではダメ。売上を上げられる技術者になるためには、人間性と技術売上が平行して伸びていくことが大切

・お客様は練習台ではない。しかし、新人の技術が足りないとわかっていても、施術させてくれるお客様もいる

2年目	10月〜2月	20万円	カットモデル	①感性を磨く（流行を取り入れる）②得意技術をアピール③数字意識（目標と結果分析）④失客をなくす⑤新客アタック⑥基本を繰り返し学ぶ⑦カットモデル30人以上（友達・知り合い・その他よく行くショップの人など考えてみよう）⑧学生キャンペーンチラシ作成配布⑨清潔な身なりと仕事のしやすい服装⑩カットの応用とデザイン⑪カラーホイルワーク⑫アップ＆ダウンスタイル⑬パーマの基本⑭デザインパーマ（ワンレングス・グラデーション・レイヤー）⑮毛先・中間・根元巻き⑯その他（ツイスト・波・スパイラル）⑰アシスタントを育てる⑱「はい」という返事は即座に⑲素直な人は早く伸びる⑳マナーを守る㉑ヘアスタイルの撮影会㉒SNSを利用して売上数字をアップ㉓来店サイクルの短縮㉔客単アップ㉕次回予約の強化㉖お客様は練習台ではない㉗感謝しかありません
3年目	3月	40万円	学生客デビュー	①紹介を増やす②髪を傷めないツヤのあるストレート③日々の積み重ねが結果を出す④良いマナーを身につける
	4月	50万円	キャンペーン	①キャンペーンの70%をリピート or 30万以上売上げたらフリーに入客できる②SNSブログなど活用③紹介を促す④感じの良いお出迎えとお見送り⑤お見送り時に感動のひと言を⑥マニキュア⑦メンズカット⑧似合わせ
	8月	60万円	キャンペーン	①固定客に努力と工夫をする②似合わせ③次回予約を強化④お客様のお手入れが楽な技術力⑤お得なコースメニュー⑥DMを出す（割引ではなく、お客様が興味を持つ内容で）
	12月	70万円		①責任を持って後輩を育てる②仕事場を守る③お客様に感謝④明るい居心地の良い店内雰囲気をつくる⑤周りのすべての人とコミュニケーションを取る⑥常に美容以外でも新しい情報を⑦感謝の心でありがとうございますのウェーブを起こそう
4年目	4月	100万円	スタイリスト	①部下の指導②個人・全体売上など数字を把握③尽くす気持ち④カリスマ美容師になる⑤その日の仕事はその日に片付ける⑥施術時間を守る⑦周りの人をあなたのやさしさで元気にする
	8月	130万円		①業績を上げる②育てていただいたお客様に感謝の心で恩返し（気配り・目配り・心配り）③部下を途中挫折させない④すべてにおいて無駄なことはしない⑤上司への報告（ここからはひとりでは売上げられない。アシスタントの力が必要）⑥常にお客様目線
	12月	170万円		①ドライカット②新日本髪③メイク④着付け（たたみ方・半衿の付け方・浴衣・留袖・振袖）⑤全体バランス⑥眉カット⑦まつげ⑧周りの人を褒める
5年目以降		200万円以上	トップスタイリスト	①売上が上がらない人は、売上が上がらない理由を原点に戻って考えよう②後輩の相談相手になり良い方向へ導く③人を幸せにする気持ちを持ち続ける④お客様や周りの人すべてに育てられたことを忘れない⑤感謝の気持ちで仕事をする⑥当たり前だけでなく期待以上の仕事をする

・お客様は応援者であり、新人を見守ってくれる存在。多くのことを学び、自信を持って早くお客様に尽くせるようになろう

・素直さと感謝の心、周りの人たちが自分の成長を見守ってくれていることを忘れてはいけない。いつか恩返しができるよう、学び続けて必ず結果を出そう。途中であきらめない！

2年3カ月でデビュー作戦

入社から2年3カ月でデビューするためには様々なことを学び、1歩ずつ成長しなければなりません。
いつ、どのタイミングで学べばよいのか、頭を整理しておきましょう。

1年目

4〜6月					
学ぶ期間	時間	いつ	誰が	チェック日	テスト日
夢作文・美容師になった理由	30分				
自分を知る（長所・短所）	30分				
会社の理念（暗記・理解）	30分				
アシスタントの仕事（掃除・受付・準備・電話）と店内の説明	1時間				
接客（営業中にしてはいけないことを含む）	1時間				
店販商品知識（始めは1つに絞る）	10分				
商品の販売の仕方（店販はなぜ必要なのか）	1時間				
マッサージ	1時間				
シャンプー	1時間				
カラーシャンプー	1時間				
施術による髪の乾かし方	10分				
薬剤塗布（パーマ剤など）（ターバン交換）（フェイスクリーム）	10分				
スパ2種類（DVD作成）	3時間				
白髪染め（スタイリストと一緒に）（頭皮保護剤）	営業時				
トリートメント	営業時				
売上目標	月に店販10本以上				

【POINT】
・美容を通して人間性を磨く。謙虚に、人に尽くす精神＆感謝の気持ちを持たないと接客で嫌われ、シャンプーもさせてもらえない
・お客様との信頼関係を作る（ファンをつくる）
・基本の技術を習得する（マッサージ・シャンプー・カラー・スパ・トリートメント）

7〜9月					
学ぶ期間	時間	いつ	誰が	チェック日	テスト日
人を幸せにするには	20分				
人間性を磨く	20分				
失客について	20分				
増客（何をしたらよいのか）	20分				
クレームについての対策	20分				
仕事とは人の役に立つこと	30分				
アイロンワークの違い	20分				
ストレートパーマ（薬剤塗布などその他注意点）	10分				
おしゃれ染め（スタイリストと一緒に）	営業時				
ブリーチ（スタイリストと一緒に）	営業時				
メイク	30分				
着物の下準備	20分				
売上目標	月に店販20本以上				

【POINT】
・「仕事とは人に尽くすこと」を徹底する
・教えていただく感謝の気持ちを持つ
・施術をさせていただくお客様へ感謝の気持ちを持つ
・ストレートパーマ＆おしゃれ染め＆ブリーチを学ぶ

10〜12月					
学ぶ期間	時間	いつ	誰が	チェック日	テスト日
数字を通して成長する（今できる中での目標は何？）					
目標と結果を分析し、次の行動を起こす	30分				
施術時間等の時間意識を持つ	1時間30分				
センスを磨く	1時間				
相手の立場になって考えて行動する	1時間				
施術中の説明責任を果たす	10分				
自らコミュニケーションを取る	1時間				
予約前日にカルテチェック	2時間				
カットの正しい姿勢・道具の扱い方・展開図	1時間				
カット（ワンレングスの基本）ウィッグで学ぶ	1時間				
テーパーカット（スタイルの変化を学ぶ）	1時間				
ヘアケア（毛髪の基礎知識）	1時間				
仕上げのテクニック（スタイリングの選定と使い方）	12時間				
まとめ髪（編み込み）	営業時				
カールアイロン	営業時				
売上目標					

【POINT】
・接客の見直し
・周りの人の良いところを見つけて褒める
・お客様の大切な時間を無駄なく施術すれば技術の信頼につながる

1〜3月					
学ぶ期間	時間	いつ	誰が	チェック日	テスト日
カット＜レイヤーの基本＞					
カット＜グラデーションの基本＞					
セニングカット					
徹底した掃除					
人頭で髪質を知る					
接客＜笑顔・やさしさ＞					
気配り 目配り 心配り＜観察と実行＞					
報・連・相を忘れない					
頭皮・ヘアケア					
カーラー巻き＆ブロー					
モデルハントの注意					
カラーの基礎＆ホイルワーク					

【POINT】
・基本を確実にする（後輩に教えられるようにしっかりと）

2 年目

4～6月					
学ぶ期間	時間	いつ	誰が	チェック日	テスト日
プロ意識を持つ	1時間				
周りの人を褒める	1時間				
カラーモデルスタート　15万円					
インスタ用の作品を友達で撮影					
カラーは染めるだけでなくプラスαの提案をする	2時間				
売上目標					

【POINT】
・モデルデビューはとても大切な通り道
・プロ意識を持つ（技術・接客・掃除・コミュニケーション・電話受付）
・人頭で髪質を知る

10～12月					
学ぶ期間	時間	いつ	誰が	チェック日	テスト日
10月 カットモデル20万					
マナーを守る					
カットタイム	20分				
カットモデルハント30人以上					
カットモデル（友達・知り合い・よく行くショップの人）					
インスタに載せるカットスタイルを撮影					
カラーのホイルワーク					
売上目標					

【POINT】
・ウィッグで技術の基本を学ぶ&モデル人頭で毛髪・頭の形やクセを学ぶ&接客・コミュニケーションも
・数字の意識を持つ・トーク力を磨く
・モデルを集客するため、インスタに載せる

7～9月					
学ぶ期間	時間	いつ	誰が	チェック日	テスト日
清潔な身なりと仕事のしやすい服装					
誰にも負けない得意技術を持つ	30分				
お客様は練習台ではありません	営業時				
接客の見直し					
失客を減らす	1時間				
来店サイクルの短縮					
カット（ワンレングスの前上がり）ウィッグで					
カット（ワンレングスの前下がり）ウィッグで	1時間				
カット（グラデーション前上がり）ウィッグで	1時間				
カット（グラデーション前下がり）ウィッグで	1時間				
売上目標					

【POINT】
・紹介するにはお客様も勇気がいる。お客様に紹介していただける要素をモデル担当時から積み重ねておく
・要素とは信用（技術力・提案力・似合わせ・接客力）
・1人で担当する意識作り

1～3月					
学ぶ期間	時間	いつ	誰が	チェック日	テスト日
今までのチェックと繰り返しを行い、成長期間に					
毛髪＆頭皮の知識					
ワンレングスのテーパー後のパーマ（スタイルの変化）					
グラデーションのテーパー後のパーマ（スタイルの変化）					
レイヤーのテーパー後のパーマ（スタイルの変化）					
数字意識<目標と結果分析>					
アシスタントを育てる					
チームワーク強化					
「はい」という返事は即座に					
素直な人は早く伸びる					
ヘアスタイルの撮影会					
売上目標					

【POINT】
・失客をしない努力をする（技術不足を接客や人柄でカバー）
・カウンセリングで聞く耳を養う

3年目

4～6月					
学ぶ期間	時間	いつ	誰が	チェック日	テスト日
3月デビュー　売上40万円					
紹介を増やす					
固定客に努力と工夫					
似合わせ					
骨格の意識					
髪を傷めないツヤのあるストレートパーマ					
メンズカット					
ヘアマニキュア					
売上目標					

【POINT】
・いろいろなスタイル写真を見る
・コミュニケーション能力を高める
・リピート率70% or30万円を売上げるとフリー客に入客できる

7～9月					
学ぶ期間	時間	いつ	誰が	チェック日	テスト日
8月キャンペーン　売上60万円					
DMを出す（割引ではなくお客様が興味を持つ内容で）					
次回予約の強化					
感じの良いお出迎えとお見送り					
お見送り時に感動のひと言を					
SNSブログなどの活用					
売上目標					

【POINT】
・モデルにアフターフォローのDMを出す
・接客の見直し（気配り・目配り・心配り）

10～12月					
学ぶ期間	時間	いつ	誰が	チェック日	テスト日
施術中に次回スタイルの提案					
数字意識（目標と結果分析）					
12月　売上70万円					
すべての人とコミュニケーションを取る					
居心地のいい店内の雰囲気をつくる					
眉カット					
仕上げ					
売上目標					

【POINT】
・売上・客数・単価・店販・失客数・リピート率を学ぶ
・日々の積み重ねが結果につながる

1～3月					
学ぶ期間	時間	いつ	誰が	チェック日	テスト日
周りの人を褒める					
感謝の心でありがとうございますのウェーブ（言う・言われる）					
常に美容以外でも新しい情報を					
お客様のお手入れが楽な技術力					
感性を磨く（流行を取り入れる）					
得意な技術をアピール					
お得なコースメニュー					
売上目標					

【POINT】
・感謝の気持ちで仕事をする
・お客様が求めていることに応える

4年目

4～6月					
学ぶ期間	時間	いつ	誰が	チェック日	テスト日
店販の見直し					
数字を意識して仕事をする					
来店サイクルの短縮					
客単アップ					
キャンペーンを成功させる企画					
周りの人をあなたのやさしさと心配りで元気にする					
技術のチェック					
売上目標					

【POINT】
・数字を意識して仕事をする
・客単価が高い方が売上を上げやすい。複数施術のおすすめが大切
・楽しく学び、楽しく仕事をする

7～9月					
学ぶ期間	時間	いつ	誰が	チェック日	テスト日
後輩を育てる（部下を途中挫折させない）					
仕事場を守る					
お客様に感謝する					
周囲の人に支えてもらっていることに感謝					
部下の育成。部下の勤務状況を把握					
常にお客様目線					
売上目標					

【POINT】
・基本を繰り返し学ぶ（自信が生まれる）

10～12月					
学ぶ期間	時間	いつ	誰が	チェック日	テスト日
ヘアスタイルの撮影会					
SNSを利用して売上数字をアップ					
チームワークの強化					
着付け					
シーズンごとのデザインの提案					
その日の仕事はその日のうちに片付けて帰る					
施術時間を守る					
売上目標					

【POINT】
・チームをまとめる（ひとりの力は弱いので同じ方向を向き、寄り添うことが大切）
・来年の目標を決める

1～3月					
学ぶ期間	時間	いつ	誰が	チェック日	テスト日
部下の指導					
個人・全体、両面で数字を把握する					
尽くす気持ち					
カリスマ美容師になる					
感性を磨く（流行を取り入れる）					
上司への報告					
業績を上げる					
売上目標					

【POINT】
・率先して業績を上げる
・部下を育成する
・売上が上がらない人は、上がらない理由を原点に戻って考えよう

5年目

4～6月					
学ぶ期間	時間	いつ	誰が	チェック日	テスト日
どんなときも前向きで明るく					
育てていただいたお客様に感謝の心で恩返し					
新日本髪					
技術チェック					
売上目標					

【POINT】
・お客様や周りのすべての人に育てられたことを忘れない

7～9月					
学ぶ期間	時間	いつ	誰が	チェック日	テスト日
上手に指示を出す					
部下とコミュニケーションを取る					
部下の良い相談相手になり、よい方向に導く					
売上目標					

【POINT】
・コミュニケーションの大切さを忘れない

10～12月					
学ぶ期間	時間	いつ	誰が	チェック日	テスト日
感謝の気持ちで仕事をする					
お客様を大切にする					
人を幸せにする気持ちを持ち続ける					
売上目標					

【POINT】
・人の役に立つ仕事であることを大切に

1～3月					
学ぶ期間	時間	いつ	誰が	チェック日	テスト日
部下に良い後ろ姿を見せ、やる気を育む					
期待以上の仕事をする					
個人情報を管理する					
売上目標					

【POINT】
・個人情報は法律に関係することなので細心の注意を払う

※この数字はあくまでも数字目標の目安です。1人ひとりの成長スピードを把握し、決して無理はさせないこと。よく相談に乗りながら進めていくことが大切。

胸に響く先輩からの言葉が満載！ Part3
がんばるみんなへの応援メッセージ

美容は多くの経験を積みながら自分自身が成長できる仕事です。あきらめることなく美容道を突き進むことで新しい自分に出会えるはずです。あなたの努力と経験が美容業界全体を変えられるかもしれません。長年、美容と真摯に向き合ってきた先輩の言葉から、改めて美容の素晴らしさを感じてみましょう。

私が50年も美容を続けられたのは、
周りの人たちが素晴らしい人たちだったから。
あるときは励まし、またあるときは厳しく指導
してもらい、正しい人の道を教えていただいた
ことに感謝しています。美容という素晴らしい
仕事一筋に生きてこられて良かった！

人生には無駄も必要だと思う。
失敗から学べることも多い。
良い方向を示してくれる人が近くにいるかいないかで
変わってくる。良い人に出会えたらいいね！
素直な気持ちで人の話を聞くことは大事。
中でも様々な経験をしている
年配者の話から学ぶことは多いと思うよ

何千年と時が流れ、その時代、時代で美容師たちは美容に対しての
弾圧や戦争など大変な時代にあっても様々な工夫をし、
がんばって美容の灯を消さずに私たちにつないでくれました。
令和となった今、恥ずかしくないように次世代につなげられたら
いいなと思う。ひょっとして私たちの時代は人材問題が鍵になるのかな？
そうだとすればぜいたくな悩みだね。
最近はゆとり社会で人を思う気持ちよりも
自分中心の心が強くなったのかな？

美容を
変えよう

美容の仕事は大変という
イメージが根強くあり、さらに
少子化などで今後は美容師のなり手が
先細りとなるが、美容の仕事だけが
大変ではないことを知ろう。
大変であっても美容は夢が持てるし、
人間にとってなくてはならない
仕事のひとつなので、やりがいのある
とてもいい仕事だと思う。
仕事環境においても寒さからも
暑さからも守られ、
快適な環境があります。
危険もない恵まれた職場です

美容を
変えよう

美容師がもっと楽しく
クリエイティブな仕事をしていたら、
美容師になりたいと思う人が増えるでしょう。
お客様の中でも仕事をしている
美容師の姿を見て「カッコいい」と感じ、
目指す人がいるよ。
楽しく仕事をしてカッコいいところを
見せて美容業界を盛り上げよう

美容を
変えよう

これからもがんばろう！！

「美容は大変な仕事」というイメージが一般的に強い。
しかし、他業種の人もみんな知らないだけで
大変な仕事をしています。なのに、手が荒れる、時間が長い、
勉強がつらいなど、本当は夢のある素敵な仕事だという部分が
薄れてしまっている。大変な職業ではなく、
「素敵な職業」と言われたい。それにはプロとして学び、
自信をつけてクリエイティブな仕事をすることが大事。
楽しんでいる姿を後輩やお客様に感じていただければ
美容師人気が出るはずです。
次世代に胸を張って素敵な仕事としてつないでいけたらいいな

池田眞理子語録

最短でゴールするためには、素直さと、
すべてのことに感謝の気持ちで臨むこと

大切な時間を無駄なことに使わない。
無駄なこととは悪口、愚痴、不平不満、
ネガティブな考えをすること

仕事とは「人の役に立つこと」。
長時間、お客様と接し、施術終了と共に結果が出る。
美容師は楽しくもあり厳しくもある仕事

美容師は美容という仕事を通して
一人前の社会人となる。
お客様は自分の成長になくてはならない
大切な存在

楽しんで仕事をすること。
そうすれば周りも楽しくなる。
共に自分も大いに楽しもう！

感謝の言葉を口にすると良いことが起きる

起こることはすべて自分の心から。
だから自分はできる、大丈夫と、
自分を信じてがんばろう

AIロボットが活躍する時代が来ても、
人間には心を込めて相手のことを
考えるコミュニケーション力がある

1人ひとりの個性や良いところを見出し、
その人の思いを叶えるための
コミュニケーションが大事

ひとりにならず、助け合って成長できる
「ポジティブ コミュニケーション」の
輪に入ろう

お客様が自分に何を求め、
何に期待しているかを知る。
美容師という国家資格を持ったプロに
求める期待を裏切ってはいけない

常に明るく前向きで、
相手のことを考えて行動すれば、人は離れない

おわりに

私たち美容師の仕事はプロにしかできない技術を磨き上げ、ヘアを通しておもてなしを提供し、人の役に立つ仕事です。その一方、私たちは様々な人たちのお世話になって生きています。病院、レストラン、農業、漁業、ラーメン屋さん……、それぞれの分野で専門的な研究と努力を積み重ね、それを提供することで人を幸せにしているのです。つまり、人のために努力するのは当たり前であり、それこそが人間が持って生まれた使命だと思います。世の中に楽な仕事はないのです。

努力したことで人に喜んでもらえればうれしいですし、自分の成長を感じるでしょう。それに見合った報酬も伴います。しかし、自分中心に考えてばかりいると困ったときに誰も助けてくれません。自分は今、何をすればいいのか？それぞれの立場でよく考えてみてください。自分は何ができて何ができてないのかをチェックしながら、改めて美容師の原点に立ち帰ってほしいと思います。すべての美容師さんが1日も早く素敵な美容師になって、周りの人を幸せにし、自分の幸せも築くことを願っています。

近年はSNSやAIの進化などにより、「個」の時代へと変化してきました。「集合」の時代であっても「個」の時代であっても、美容の根源は「あたたかい心」にあります。みんなが楽しく働けるということが何より大切です。どこの美容室でも働きやすい環境をつくるために試行錯誤をしていると思いますが、うまくいかないこともあるでしょう。なぜなら、技術の教育はできても「心の教育」まではなかなかできないからです。先輩も後輩も一緒の職場で毎日家族よりも長い時間を過ごすわけですから、お互いが相手の立場を理解し、相手を思う気持ちが大事。夢に向かって共に楽しく、有意義な時間を過ごしてほしいと思います。

美容師は学ぶことがたくさんあり、何年経っても日々勉強の毎日です。しかし、成長していることが実感できれば、進むべき方向に迷うことなく、充実した日々を過ごすことができるでしょう。楽しくてクリエイティブな美容室で働く幸せな美容師が増えれば、美容師になりたい人も増えるのではないでしょうか。

本書は、現場でずっと美容と向き合ってきた経験から感じた様々な思いをまとめたものです。オーナーからアシスタントまですべての方の参考になればうれしいです。長い歴史の中で美容師の先輩たちが時に弾圧されたり、戦争に巻き込まれたりという苦難を乗り越えながら、令和に生きる私たちにつないでくれました。私たちはさらにレベルを上げ、次の世代にバトンをつなげたらいいですね。

美容という仕事を楽しみましょう。
心身共に成長して素敵な人生を。

2023年12月
池田眞理子

私は学校にお店にと一日も休みなく仕事の中で過ごしてきました。スタッフに大変な迷惑をかけられたことや日々解決していくことが多々ありましたが、その都度、私なりに誠心誠意向き合い、成長してきたのだと思います。

大変なことがあっても、そういうときこそ力がわき、素敵な知恵がわいてきます。自分は大丈夫、できると信じて前に進むと、必ず良いことが起きます。

ある人に私は「仕事の星の下に生まれたので死ぬまで仕事がついてくるよ」と言われました。

仕事の中で楽しみをさらに見つけていきます。すべての人に感謝！

....

池田眞理子

有限会社Jグループ 代表取締役
有限会社ジョリィ美容室 取締役
株式会社GOLD STORY 代表取締役
厚生労働大臣指定校 池田美容学校 理事 講師

1950年　間違ったことが嫌いで、人のためにいつも動いていた、天皇陛下より瑞宝章
　　　　という勲章を賜った父と、怒ったことがなく、やさしくて美しい母の次女とし
　　　　て誕生
1975年　横浜で人材育成の全国講習・講演活動をしていた池田昌隆さんと結婚。
　　　　長女・有希、長男・直史、次男・佳史、全員が美容の道を歩む
2006年　静岡市にて、1人ひとりに対応できる少人数制の池田美容学校を設立
2022年　厚生労働大臣から理美容師養成功労者表彰を受ける

あなたの進む道のヒントに

GRANDMAからの提案書
グ ラ ン マ

2023年12月8日　初版第1刷発行

著者
池田眞理子

発行人
小池入江

発行所
株式会社女性モード社
https://www.j-mode.co.jp/

［本社］
〒107-0062
東京都港区南青山5-15-9-201
TEL 03-5962-7087
FAX 03-5962-7088

［支社］
〒541-0043
大阪府大阪市中央区高麗橋1-5-14-603
TEL 06-6222-5129
FAX 06-6222-5373

印刷・製本
株式会社JPコミュニケーションズ

ブックデザイン
長内奈津子・星真琴（株式会社ジェイヴイコミュニケーションズ）

編集協力
森永泰恵

「2年3カ月でデビュー作戦」
セルフチェックシート

2年3カ月でデビューするために、いつ、何をすればよいかがひと目でわかるセルフチェックシートを用意しました。右のQRコードを読み取り、プリントしてご活用ください。